MARCO ◉ POLO

Italienische Adria

Reisen mit **Insider Tipps**

Diesen Reiseführer schrieb Bettina Dürr, die seit zwei Jahrzehnten zwischen Deutschland und Italien pendelt und mehrere MARCO POLO Reiseführer verfasst hat.

www.marcopolo.de
Infos zu den beliebtesten Reisezielen im Internet, siehe auch Seite 103

W0177747

SYMBOLE

 MARCO POLO INSIDER-TIPPS:
Von unserer Autorin für Sie entdeckt

 MARCO POLO HIGHLIGHTS:
Alles, was Sie an der Italienischen Adria
kennen sollten

 **HIER HABEN SIE EINE SCHÖNE AUSSICHT**

 WO SIE JUNGE LEUTE TREFFEN

PREISKATEGORIEN

Hotels		Restaurants	
€€€	über 150 Euro	€€€	über 16 (10) Eur
€€	90–150 Euro	€€	9–16 (7–10) Euro
€	bis 90 Euro	€	bis 9 (7) Euro

Preise für ein Doppel-
zimmer mit Frühstück
in der Hochsaison. Im
Juli/August wird oft die
Buchung von Halb- oder
Vollpension erwartet.

Preise für ein Hauptgerich
(secondo) bzw. für ein Nu
delgericht *(primo,* in Klam
mern) ohne Beilagen *(cor*
torni) und ohne Brot und
Gedeck *(pane e coperto).*

KARTEN

[114 A1] Seitenzahlen und Koordinaten
für den Reiseatlas Italienische Adria

Zu Ihrer Orientierung sind auch die Orte mit
Koordinaten versehen, die nicht im Reiseatlas
eingetragen sind.

Karten zu Ancona, Rimini, Triest und Venedig
finden Sie im hinteren Umschlag.

GUT ZU WISSEN

INHALT

Die wichtigsten
MARCO POLO Highlights

Sehenswürdigkeiten, Orte und Erlebnisse, die Sie nicht verpassen sollten

 Grado
Romantischer Badeort an der oberen Adria mit schmalen und verwinkelten Altstadtgassen und einem malerischen Kanalhafen (Seite 27)

 Bodenmosaik
Der Kampf zwischen Hahn und Schildkröte: Mosaikbilder in der uralten Basilika in Aquileia (Seite 31)

 Cividale del Friuli
Geheimnisvolle Frauen und reiche Herzöge: auf den Spuren der alten Langobarden in Cividale (Seite 31)

 Duino
Zum Rilke-Schloss und über die Klippen des Karst (Seite 38)

 Lagune
Mit dem Boot durch die Lagune von Caorle – eine Landschaft, die melancholisch stimmt (Seite 44)

 Chioggia
Die kleine Schwester Venedigs setzt auf Fisch und Tonpfeifen (Seite 45)

Der Rilke-Wanderweg führt an Klippen vorbei auf Schloss Duino zu

Grado: mehr als nur ein Strandbad

Das Renaissanceschloss in Ferrara

 Venedig
Die Stadt als Gesamtkunst-
werk: Venedig auf 114 Inseln
(Seite 52)

 Porto Canale
Der Hafenkanal in Cesenatico
mit den Museumsschiffen: eine
der schönsten Flanierstrecken
der Romagnaküste (Seite 58)

 Comacchio
In diesem Deltastädtchen
dreht sich alles um die lokale
Spezialität Aal und um eine
kühne Brücke (Seite 61)

 Ferrara
Der glänzende Renaissancehof
der Este-Fürsten: die aufge-
weckte Stadt Ferrara (Seite 62)

 Ravenna
Außen rustikale Ziegel, innen
orientalische Mosaikpracht
und Alabasterlicht: die Kirchen
Ravennas (Seite 66)

 Urbino
Der urbanistische Traum eines
Renaissancefürsten: Urbino in
den Apenninhügeln (Seite 80)

 Ascoli Piceno
Auf einer typisch italienischen
Piazza in der wohl schönsten
Stadt der Marken (Seite 83)

 Senigallia
Keine andere Stadt in den
Marken kann mit so vielen
hervorragenden Fischrestaurants aufwarten (Seite 84)

 Aquafan
Der Klassiker unter den Was-
serparks an der Adria – und
immer noch kein bisschen lang-
weilig: Aquafan in Riccione
(Seite 98)

 Die Highlights sind in der Karte auf dem hinteren Umschlag eingetragen

Entdecken Sie die Italienische Adria!

Ferien an der Adria: Fitness und Lebenslust am längsten Sandstrand Europas

Eine nicht abreißende Kette von Strandbädern: Adriaküste bei Rimini

Gradisca: So heißt die große, warme Idealfrau im Film »Amarcord« vom Großmeister des italienischen Kinos, Federico Fellini. Der Film ist die träumerisch-nostalgische Erinnerung an Kindheit und Jugend in seiner Geburtsstadt Rimini, die Erinnerung an das Entdecken konkreter, sinnlicher Lebensfreuden. Sinnliche Lebensfreuden – für den Adriaurlauber heißt das zunächst einmal, sich in der warmen Sonne, im warmen Sand, im warmen Meer aalen, Leute kennen lernen, tanzen, spielen, gucken – und natürlich wunderbar essen: frisch gegrillten Fisch, Pasta, Pizza und *piadina,* diesen für die Romagna typischen Fladen mit Schinken, Käse oder gar Nutella, dazu die guten Weine des Hinterlands.

Gradisca, das heißt so viel wie »Bitte bedienen Sie sich und lassen es sich wohl dabei ergehen!« Aber mit den Zeiten ändern sich die Genüsse. Als die Deutschen nach dem Zweiten Weltkrieg wieder an die Adria kamen, suchten sie neben Sonne, Sand und Meer auch den friedlichen, versöhnlichen Kontakt mit den Nachbarvölkern. Die trafen

Sandstrand und Steilküste: die Riviera del Conero in den Marken

sie hier am Adriastrand, als Nachbarn unterm Sonnenschirm, auf dem Campingplatz, am Esstisch im Hotel. Dann bekam das Ganze auch noch eine aufregende Note mit dem Bild vom Latin Lover, dem glutäugigen, mediterranen Kerl, der jede Saison aufs Neue auf die blonden, hellhäutigen Mädchen aus dem Norden wartete. Die Adria, dieses warme Binnenmeer mit Hunderten Kilometern breiter, feinsandiger Küste, wurde zum Swimmingpool Europas. Längst sind andere beliebte Strände dazugekommen, in Spanien, Griechenland, in der Türkei, aber die adriatische Strandindustrie ist eine gut geölte Maschine, die so rasch nicht ins Stottern gerät.

Vom Image der kleinbürgerlichen Familienferien befreite sie sich in den Achtzigerjahren mit der

Geschichtstabelle

6./5. Jh. v. Chr. Blütezeit der Etrusker in Norditalien mit Zentren u. a. in Ravenna und im Adriahafen Spina

ab 400 v. Chr. Einfall der Gallier und Vertreibung der Etrusker aus der Poebene

ab 3. Jh. v. Chr. Ausbreitung der Herrschaft der Römer mit Stadt- und Hafengründungen (Rimini 268 v. Chr., Aquileia 181 v. Chr.), Bau der Via Aemilia durch die Poebene bis an die Adria

ab 4. Jh. n. Chr. Einfall neuer Völker aus dem Norden, die Bevölkerung sucht Zuflucht auf den Laguneninseln; Teilung in West- und Oströmisches Reich

493–553 Ostgotenreich (Theoderich in Ravenna)

568–774 Langobardenreich, dem Karl der Große ein Ende setzt

ab 12. Jh. Entwicklung von lokalen Fürstentümern *(signorie),* Este in Ferrara, Malatesta in Rimini, Montefeltro in Urbino

13.–15.Jh. Venedigs Aufstieg zur Seemacht (Kreuzzüge, 1204 Eroberung Konstantinopels, 1380 Sieg über Genua vor Chioggia) und zur Landmacht (1420 fällt Friaul an Venedig)

ab 16. Jh. Ferrara und Ancona gehören zum päpstlichen Kirchenstaat

1719 Triest unter den österreichischen Habsburgern wird Freihafen, Blütezeit der Stadt beginnt

1815 Nach Napoleons Sturz gehen große Teile Norditaliens an Österreich

1843 In Rimini Eröffnung der ersten Badeanstalt

1860–1866 Die italienische Einigungsbewegung *(Risorgimento)* führt zur Bildung des italienischen Nationalstaats

1915–1918 Erster Weltkrieg: Italien führt Krieg gegen Österreich und Deutschland; im Karst hinter Triest elf Schlachten am Fluss Isonzo

1919 Görz, Triest und die Halbinsel Istrien gehen an Italien

1947 Nach dem Zweiten Weltkrieg fällt Istrien (heute kroatisch/slowenisch) an Jugoslawien; seit 1954 gehört Triest endgültig zu Italien

1989 Eine Algenpest löst ein Umdenken an der Küste der Ferienindustrie aus, der Umweltschutz ist nun auch an der Adria ein Thema

2006 Nach Jahren schwächelnder Reiselust liegt Italien 2006 wieder vorn bei den Deutschen – und beliebter denn je ist das Reiseziel Adria

Entstehung der riesigen Diskotheken, eine verrückter und größenwahnsinniger als die andere, rauschende Traumwelten aus Glitzer und stampfenden Rhythmen, die in der Nacht auf den Hügeln im Hinterland von Rimini und Riccione aufleuchten. Es kamen Chartermaschinen, Sonderzüge und Busse voller junger Leute für ein durchgeknalltes Wochenende, das im besten Fall bei Cappuccino und heißen Krapfen in den ersten Morgenstunden am Strand endete. Die Diskotheken gibt es nach wie vor, und nach wie vor füllen sie sich an den Sommerwochenenden mit braun gebrannten, schick gestylten Jugendlichen.

Ebenfalls in den Achtzigerjahren entstanden die riesigen Wasser- und Vergnügungsparks, ausgestattet mit waghalsigen Rutschen, tropischen Landschaften und jeder Menge Spaß- und Sportanimation. Sie sind an der Adria in einer Dichte vertreten wie wohl nirgendwo sonst in Europa; immer bestens besucht, sind sie für Kinder und junge Leute ein toller Treffpunkt. Derweil ist das Meer – in den Achtzigern von der Algenpest getrübt – dank neuer Kläranlagen wieder sauber und klar, und wenn es sich doch mal trübt, liegt das am Wind, der den feinen, ockerfarbenen Sand vom Meeresgrund aufwühlt. Im Sommer wird die Wasserqualität ständig kontrolliert – mit befriedigenden Ergebnissen.

Derzeit sind die Adriabäder angesagt wie schon lange nicht mehr,

> *Die Adriabäder sind angesagt wie schon lange nicht mehr*

Hafen in Cervia, der volkstümlichen Schwester des schicken Milano Marittima

und das nicht nur bei Familien, Jugendlichen und der älteren Generation, sondern gerade auch beim Publikum der 20- bis 40-Jährigen, die es sonst eher an exotischere Strände treibt. Das Angebot wird aber auch immer vielfältiger: Die derzeitigen Trends sind Fitness und Entdeckungen in der Natur und im Hinterland. Und auch hier überschlägt sich die Adria vor Superlativen. Sport und Fitness jeder Art wird ganz groß geschrieben, Traditionelles wie Tennis und Segeln, Strandsport wie Beachvolleyball und Frisbee, Surfen oder Tauchen. An den felsigen Küsten (ja, auch die gibt es an der Adria!) wie bei Triest und am Monte Conero finden sich wunderschöne Tauchgründe. Und viele Badeanstalten in Lignano, Jesolo, Rimini und Riccione bieten moderne Fitnessgeräte an, an denen man sich unter der Sonne abarbeitet. Asiatische Massagemeister und Bodypainter wandern den Strand entlang und bieten ihre Dienste an, zwischen den Liegestühlen kann man an Yoga-, Tai-Chi- oder Aerobicsessions teilnehmen. Auch nach dem Sonnenbaden hört das Strandleben nicht auf, in den Bars der Badeanstalten trifft man sich zur Happy Hour zum Aperitif, zu *spaghetti alle vongole,* zu Livemusik.

> ### *Das Angebot wird immer vielfältiger*

Ganz im Trend liegen auch Ausflüge in die Natur, ob auf dem Rad, zu Fuß, zu Pferd oder mit dem Boot – etwa in die geheimnisvollen Welten des Podeltas und der Lagunen von Venedig, von Grado, von Marano: amphibische Welten halb aus Wasser, halb aus Land, aus Inseln, aus Brackteichen, Salzgraswiesen, Nehrungen, aus flachen Feldern und Deichen. Eine Welt voller Laute: Glucksen, Platschen, Gurren, Pfeifen und Zwitschern.

Und hin und wieder lässt man einen Tag Strand aus und sucht nach den Hinterlassenschaften der Geschichte und Geschichten am Adriameer. Damit ist nicht nur die

Kaffee und Cafés

In den Adriahäfen begann der Siegeszug des Kaffees durch Europa

Häfen wie Triest und Venedig importierten einst die Kaffeebohne nach Europa, in Triest sitzen heute noch berühmte Kaffeeröstereien wie z. B. Illy. Nicht von ungefähr findet man hier oben im Nordosten ein paar besonders schöne, alte Cafés, die Kaffeehäuser von Triest, das Caffè Pedrocchi in Padua, das legendäre Caffè Florian auf der Piazza San Marco in Venedig, das Caffè Meletti auf der Piazza del Popolo in Ascoli Piceno. Aber der *caffè,* der am besten zu den Italienern passt, ist das kleine, knappe, schnelle Tässchen, das man stehend an der Theke in den Bars trinkt, so wie die Bar der italienische Ort schlechthin ist.

Der Palazzo del Governo: Prachtbau an Triests Piazza dell'Unità d'Italia

phantastische Seerepublik Venedig gemeint, sondern auch die Hafenstadt Triest mit ihrer bis in die Römerzeit zurückreichenden Vergangenheit und ihrem Habsburger Flair aus klassizistischen Palazzi und gemütlichen Kaffeehäusern. Gemeint sind auch die Spuren der mittelalterlichen Langobarden in Cividale del Friuli, die wunderbaren alten Kirchen des frühen Christentums mit ihrer Steinmetz- und Mosaikpracht in Grado, Aquileia, Pomposa und vor allem in Ravenna.

Überall im hügeligen Hinterland des Apennin stößt man auf beschauliche Ortschaften mit mittelalterlichen Kernen und netten Lokalen, ideal für erfrischende Ausflüge, wenn es an der Küste heiß und schwül ist. In der Renaissance waren es ein paar Fürstengeschlechter, die Städte und ganze Territorien mit einzigartiger Städte- und Burgenarchitektur und mit reichen Kunstsammlungen prägten. Einen Besuch lohnen aber auch Hafenstädte wie Chioggia und San Benedetto del Tronto mit ihren üppigen, lebendigen Fischmärkten.

Zum Feriencocktail gehören auch abendliche Straßenfeste mit Schlemmerständen und Feuerwerken sowie Konzerte für jeden Geschmack. Derzeit ist Jazz besonders angesagt, auf Plätzen, in Kirchen und Innenhöfen von alten Palazzi. Und schließlich kann man an der Adria auch viel Geld ausgeben, in ein paar traumhaften Luxushotels, in exzellenten Fischrestaurants und beim Shopping, denn im modischen Riccione oder im eleganten Milano Marittima sind längst auch die großen Modemarken ansässig – ein weiteres Zeichen, dass sich die Adriaküste wandelt.

> *Trends sind Fitness und Entdeckungen in der Natur*

Himmelsblau und Hitzestau

Spazieren Sie durch den Garten der vergessenen Früchte, oder gehen Sie auf Schnäppchentour

Adria

Die Adria ist ein Binnenmeer: Dort, wo sie sich mit dem Mittelmeer vereint, zwischen der Balkanhalbinsel und dem gegenüberliegenden italienischen Stiefelabsatz bei Otranto in Apulien, ist sie nur 75 km breit. Sie gilt als ein Nebenmeer des Mittelmeers, ist 132 000 km^2 groß und bis zu 1200 m tief. Seinen Namen hat das Adriatische Meer von der uralten griechisch-etruskischen Hafenstadt Atria im Podelta, die durch Verlandung heute 20 km landeinwärts liegt. Das, was man einen geschlossenen Kulturraum nennt, vergleichbar dem Mittelmeerraum, hat die Adria vor allem im 15. und 16. Jh. gebildet, als die anliegenden Hafenstädte unter dem dominierenden Einfluss Venedigs kulturell und ökonomisch miteinander vernetzt waren. Die Bildung der Nationalstaaten im 19. Jh. hat die Adria auseinander getrieben, sie aber zugleich zum »Meer Europas« gemacht. Am 20. Juli 1843 öffnete die erste Badeanstalt am Strand von Rimini.

Pompöser Jugendstil und ein nostalgisches Flair wie in den Fellini-Filmen der Sechzigerjahre: das Grand Hotel di Rimini

Azzurro

Der blaue Himmel über dem graustichigen Meer, endloser blauer Himmel als Inbegriff des Sommers: Unter dem Titel »Azzurro« (Himmelblau) schrieb der berühmte italienische Chansonnier Paolo Conte 1968 die Hymne schlechthin auf das italienische Sommergefühl. Stimme und Interpretation lieferte Adriano Celentano. Auf dieses Lied kann auch heute kein italienischer Sommer verzichten. Es erzählt vom Warten auf den Sommer, wie er dann plötzlich da ist, dass die Liebste ins Strandbad fährt und man allein in der ausgestorbenen Stadt zurückbleibt, wie einem die heißen Nachmittage zu lang und vor allem das Blau des Himmels zu viel werden: *Azzurro, il pomeriggio è troppo azzurro e lungo per me ...*

Ballo liscio

Dieser traditionelle, federleichte Tanz der Adria bringt die Ballsäle in Schwung. »Liscio« kommt von »glatt« – über glattes Parkett schleifen und federleicht die Füße schieben zu den Klängen von Mazurka, Polka, Walzer: Seit Generationen ist das die Tanzweise in der Romagna, unverwüstlich und sehr munter. Die schönste Musik dazu macht

Vier auf einen Streich: So viele Kanalarme überquert die Brücke in Comacchio

das Comboorchester von Raoul Casadei, eines der etwa 40 Orchester, die jeden Sommer die *balere* und *dancings,* die *ballo-liscio*-Tanzsäle, auf Touren bringen. Mirko Casadei, Raouls Sohn, mischt mit seiner Beach Band lateinamerikanische Rhythmen dazu. Auch viele Hotels organisieren *ballo-liscio*-Tanzabende.

Delta

Was ist ein Delta? Aus der Vogelperspektive gesehen oder beim Blick aufs Satellitenbild wird einem schlagartig klar, weshalb man die Landschaften der großen Flussmündungen Delta nennt, also nach dem dreieckig geformten Buchstaben des griechischen Alphabets. Der mittige Hauptarm des Po, im Deltabereich Po di Venezia bzw. Po di Pila genannt, führt jede Menge Schwebstoffablagerungen mit sich, Sand, Erde, Holz, Geröll, Kalk, Treibgut, die sich bei seinem endgültigen Eintritt ins Meer absetzen und eine Dreieckspitze bilden. Jahr um Jahr wächst die Spitze weiter ins Meer hinaus, alljährlich sind es ein paar Dutzend Meter Landgewinn. Bei so viel Wandel müsste tatsächlich alle paar Jahre für die Deltaspitze um den Leuchtturm von Pila eine neue Karte gezeichnet werden. Der Mündungsbereich des Po dehnt sich aus zwischen der Etschmündung bei Rosolina im Norden und der Renomündung unterhalb Comacchios im Süden, einer Strecke von mehr als 60 km. Je näher der Strom seiner Mündung in die Adria kommt, desto mehr fächert er sich in einzelne Flussarme auf, fünf an der Zahl, die ihrerseits ihre *bocche,* ihre Mündungen ins Meer haben: Po di Maistra, Po di Pila, Po di Tolle, Po di Gnocca, Po di Goro. Eine »flüssige« Landschaft, die sich unablässig in Bewegung befindet, neue Nehrungen und Sandbänke bilden sich. Die *sacche,* lagunenartige Einbuchtungen, in denen sich süßes Fluss- mit salzigem Meerwasser mischt, eignen sich hervorragend für Fisch- und Muschelzucht, Letztere ist der wichtigste Wirtschaftszweig im Delta. Seit ein paar Jahren werden auf dem Po in luxuriösen Schiffen Kreuzfahrten veranstaltet. Höhepunkt der Flussreise ist die Fahrt durch das Delta und der Eintritt in die Lagune von Venedig.

Fabrikläden

Zwar leben die Adriagemeinden zu einem bedeutenden Teil vom Sommertourismus, er reicht aber nicht aus. Im Hinterland siedeln viele kleine und größere Fabriken, in denen Kleidung, Strickwaren und Schuhe hergestellt werden. Darunter sind weltberühmte Schuh- und Kleidungsmarken wie Tod's und Hogan der Firma Diego della Valle in den Marken, Timberland bei Por-

denone im Friaul, Diesel in Movena bei Vicenza und einige mehr. Viele haben ihre eigenen Fabrikläden, in denen man die Sachen billiger bekommt. Fragen Sie nach den *spacci aziendali* z. B. in den Fremdenverkehrsämtern von Bellaria und Gatteo a Mare. In Italien finden Sie im Buchhandel das reichhaltige, stets aktualisierte Adressenverzeichnis »Lo Scoprioccasioni«, in Deutschland gibts den »Schnäppchenführer Norditalien. Die besten Marken«.

Flirten

Ciao, bella, ciao, bello: Mädchen bzw. Jungs kennen lernen, das ist eine der Lieblingsbeschäftigungen am Adriastrand. Der *pappagallo* ist total out. Die *ragazzi italiani* reden nicht von *amore,* sondern von *amove,* ein Mädchen, das man toll fin-

Adria zum Schmökern

Lesestoff fürs Kaffeehaus und den Liegestuhl

In den schönen k. u. k. Kaffeehäusern in Triest verbrachte man ganze Nachmittage und las, manches Werk der Weltliteratur wäre wahrscheinlich ohne die Kaffeehäuser nicht geschrieben worden. Warum nicht auch heute eine Lesesitzung im Kaffeehaus? Zum Beispiel mit dem spannenden Triest-Roman »Das Liebespaar aus der Via Rossetti« von Fulvio Tomizza. Oder Sie gehen es gleich systematisch an mit dem Buch von Claudio Magris: »Triest – Eine literarische Hauptstadt in Mitteleuropa«. Am Lido von Venedig wird man um Thomas Manns »Tod in Venedig« nicht umhinkommen. Danach kann man sich entspannt im Liegestuhl mit einem der Venedig-Krimis von Donna Leon trösten. Minimalistische, krude On-the-Road-Beobachtungen auf Reisen durch die Poebene dem Delta entgegen machen den Reiz von Gianni Celatis »Erzähler der Ebenen« und »Landauswärts« aus. Amüsant ist dagegen Carlo Goldonis Komödie »Die Raufhändel von Chioggia«, in der er dem eigenwilligen Charakter der Leute von Chioggia ein Denkmal gesetzt hat.

det, ist eine *bagiana,* eine *figona* oder eine *sbanzega,* und sie ist *bella da far paura* (»zum Angstkriegen hübsch«). Ein Junge, der gefällt, ist *figo,* ein *sbanzego,* oder, wenn er ganz besonders cool ist, ein *jojo.* Und wenn die Sache sich gut entwickelt, dann spricht man von *figata* oder *guzzata. Buona fortuna!*

Guerra, Tonino

Es gibt sie, die guten Geister, die im Verborgenen wirken und dem Treiben der Menschen und den Orten, an denen sie leben, eine poetische Aura zu verleihen verstehen. Ein solch guter Geist ist der 1920 in Santarcangelo di Romagna geborene Tonino Guerra, Dichter, Schriftsteller, Drehbuchautor und vor allem Ideenspender und in der Romagna, in den Marken, an der Adria, ja in ganz Italien heiß geliebt. Geliebt haben ihn auch die großen Filmemacher, von Federico Fellini über Michelangelo Antonioni und die Brüder Taviani bis zu Gabriele Salvatore: Mit seiner Hilfe, seinen Einfällen entwickelten sie ihre Filmgeschichten, er schrieb ihnen die Drehbücher dazu. Er schreibt melancholische, schelmenhafte, naivweise Gedichte im Dialekt der Romagna, und er ist dabei, das Dorf, in dem er jetzt lebt, Pennabilli in den Hügeln der Marken, in einen Ort der Meditation, der poetischen Überraschungen, der vergessenen Früchte zu verwandeln. Lassen Sie sich einen Tag auf diesen guten Geist ein, machen Sie einen Ausflug durchs schöne Marecchiatal hinauf nach Pennabilli. Spazieren Sie durch den *Orto dei Frutti Dimenticati* mit uralten Obstbaumsorten, die Guerra vor dem Vergessen retten will. Oder durch das *Santuario*

dei Pensieri, das Heiligtum der Gedanken, sieben Steinskulpturen im Gärtchen einer Burgruine, die zur Meditation einladen. Und machen Sie sich auf viele weitere Überraschungen gefasst, in Gassen, Ecken, Kirchen, an den Häusern des malerischen Pennabilli. In Cervia unten an der umtriebigen Küste hat Guerra eine Brunnenskulptur entworfen, genannt die Magie des fliegenden Teppichs – Inbegriff seiner Poesie des leichtfüßigen Innehaltens und längst ein Wahrzeichen von Cervia.

Malatesta

Im Hinterland Riminis steigt die bewegte Landschaft des Apennins an: ein abwechslungsreiches Auf und Ab aus weichen Hügeln und steilen Abstürzen aus Kalk- und Gipsgestein. Und jeden höheren Hügelgipfel krönt eine Burg. Diese Burgen entstanden im Mittelalter, doch ihr heutiges Aussehen, etwa die wunderschönen Anlagen von San Leo, Verucchio oder Montefiore Conca, geht auf die Umbauten durch Sismondo Malatesta zurück. Im 14. Jh. setzt sich die Familie Malatesta im Gebiet um Rimini durch und baut ein Territorium auf, das zeitweise von den Marken bis in die Toskana reichte. Einzig gegen die mächtigen Nachbarn, die Montefeltro aus Urbino, kommen sie nicht an. Im 15. Jh., der Zeit der Renaissance, kommt es zum Höhepunkt der Fürstenherrschaft: Die Malatesta mit Fürst Sismondo bestimmen in Rimini das Geschehen, die Montefeltro mit Fürst Federico in Urbino. Viele heute so beliebte Ausflugsziele gehen auf diesen Sismondo zurück: die kostbare Bibliothek in Cesena, die Burganlage Riminis und der hochinteressante Kir-

Dutzende der Burgen im Hinterland gehen auf die Familie Malatesta zurück

chenbau Tempio Malatestiano des Renaissancearchitekten Leon Battista Alberti ebenda, die Burgen im Hinterland. Auf dem Höhepunkt der Malatesta-Herrschaft beginnt ihr Niedergang, Sismondo stirbt vom Papst und dem Fürsten von Montefeltro besiegt. Dass sich Sismondo seiner Sache nie ganz sicher fühlte, zeigt die Masse der Burgen, eine regelrechte Umzingelung nicht nur nach außen, sondern offensichtlich auch nach innen.

Reisezeit

Bei den Italienern beginnt das Ferienfieber pünktlich zum Schul- bzw. Kindergartenschluss Mitte Juni, dann machen sich die Großeltern mit den Kleinen auf den Weg ans Meer. Es ist schon warm, das Meer aber noch angenehm frisch, und die halb leeren Strände sind ein Genuss. Voll wird es am Wochenende, wenn die arbeitende Bevölkerung aus den Städten ans Meer drängt. Die Hochsaison setzt dann im Juli ein, die Preise ziehen an, aber auch das Veranstaltungspro-

gramm wird dichter und interessanter. Mittlerweile hat sich auch die *afa* entwickelt, diese für die Poebene und die Lagunen typische Sommerschwüle, drückend und klebrig. Am Meer erträgt man diesen schwülen Hitzestau, aber ein Ausflug, etwa nach Venedig, kann bei *afa* zur Tortur werden. Im August erreicht die Saison ihren Höhepunkt und gipfelt mit Festen und Feuerwerk am 15. August, dem Feiertag *Ferragosto*. Die Preise von Hotels, Ferienwohnungen, Strandliegen, Diskotheken ziehen nochmal gehörig an; dennoch hält es keinen Italiener zu Haus, vor allem nicht die Jüngeren. Jetzt ist am meisten los, an Spaß wie an Chaos. Ende August setzen die ersten Gewitter ein, Fabriken und Büros öffnen wieder ihre Türen, und der Ferienrummel ebbt fast schlagartig ab. Der September kann noch sehr schön werden, entspannter und viel preiswerter. Von Oktober bis März bzw. Ostern schließen die meisten Hotels an der Küste und die Campingplätze sowieso.

Eine Küste, viele Küchen

Von Gulasch in Triest bis zu gefüllten Oliven in den Marken reicht das Spektrum. Gemeinsamer Nenner ist die Fischsuppe

Der gemeinsame Nenner der Küstenküche ist natürlich Fisch, und zwar in erster Linie die Fischsuppe. Als *brodetto di pesce* findet man die Fischsuppe auf den Speisekarten von Grado und Triest bis hinunter nach San Benedetto del Tronto.

Allein in den Marken gibt es vier »offizielle« Fischsuppenrezepte. Im *brodetto di Porto Recanati* landen Meerbarben, Seezungen, Meeräschen, Seeteufel, Heuschreckenkrebse und Tintenfische in einem mit Safran gewürzten Fischsud. In den *brodetto* von Ancona kommen 13 Fischsorten, dazu Tomaten, in Fano verfeinert man die Suppe mit Hummer, und in San Benedetto del Tronto gehören Muscheln dazu. Mit Muscheln, Fisch und Tomaten isst man ihn auch in der Romagna, im Venezianischen besteht die Suppe überhaupt nur aus Muscheln oder wird zur Creme passiert. Geröstete Knoblauchzehen bilden den deftigen Grundgeschmack für den *brodetto di Grado,* und im Friaul reichert man ihn mit Aalstücken an. Für die Triestiner

Meeresfrüchte spielen eine Hauptrolle in der Küche der Adriaküste

Fischsuppe werden die Fischstücke vorher paniert und frittiert. Sonst wird Fisch als Hauptmahlzeit vornehmlich gegrillt gegessen. Eine Neuigkeit, die man derzeit auf den Speisekarten findet, ist Carpaccio aus rohem, leicht angeräuchertem Edelfisch.

Als erfrischender Sommerimbiss bewährt sich süße Honigmelone mit rohem Schinken, den es aus dem Hinterland der Adria von allerbester Qualität gibt: z. B. den *prosciutto di San Daniele* aus dem Friaul, den *prosciutto di Parma* aus der Emilia und den *prosciutto di Carpegna* aus den Marken.

Für die Mahlzeit zwischendurch, den kleinen Imbiss oder die Stärkung um Mitternacht bietet die Adriaküste um Rimini die *piadina,* einen dünnen Fladen, den man überall – in Bars, an Straßenständen, in Badeanstalten – auf die Hand bekommt, mit Käse, Schinken oder auch Nutella gefüllt. Die Hochburg der *piadina* ist Cesena, hier findet auch in allen geraden Jahren Anfang Oktober das ==Festival des mediterranen Streetfood== statt, mit jeder Menge Imbissständen aus den Anrainerstaaten des Mittelmeers.

Insider Tipp

Spezialitäten der Adria

Lassen Sie sich diese Köstlichkeiten gut schmecken!

anguilla marinata – marinierter Aal, wie man ihn in Comacchio bekommt, vielleicht die bekömmlichste Art, Aal zu essen

baccalà – Stockfisch, mal *mantecato*, als weich geschlagene Pastete ideal zum Glas Wein in Venedig und Chioggia, mal im Ganzen zu *polenta* mit Zwiebeln, Knoblauch und Petersilie

fegato alla veneziana – Kalbsleber nach venezianischer Art, in Mehl gewendet und mit Butter und Zwiebeln gebraten

fritto misto – panierte und frittierte Tintenfischringe, kleine Fische und Krebse

olive all'ascolana – sehr große, mit Fleisch gefüllte und panierte Oliven aus den Marken, die gut zum Aperitif passen

piadina – Diese heißen Fladen aus Wasser und Mehl sind meist mit Schinken oder säuerlichem Frischkäse wie *squaquerone* oder *stracchino* belegt – der Imbiss

schlechthin in der Romagna, man bekommt ihn überall in den Bars und Strandbädern.

porchetta – ein mit Kräutern gewürztes Ferkel am Spieß, das man, kalt und in Scheiben geschnitten, zu deftigem Brot isst, sehr beliebt auf Straßenfesten

ravioli ai filetti di sogliola – Teigtaschen in einer Sauce aus Seezungenfilets, Knoblauch und Tomaten, eine Spezialität zwischen Pesaro und Fano

risotto nero – Im Veneto liebt man das tintenschwarze Risotto mit Tintenfisch.

sarde al saor – gebratene Sardinen, die süßsauer in Essig, Zucker, Öl und Zwiebeln eingelegt werden, eine venezianische Spezialität

spritz – beliebter Aperitif aus Weißwein, der mit Aperol oder Campari gemischt wird

tortelli, tortelloni, tortellini – ein paar der Namen, die die verschiedenen Teigtaschen tragen; *tortelloni* sind meistens mit Frischkäse und Spinat gefüllt, in den kleinen *tortellini* steckt eine Fleischfüllung, und man isst sie in heißer Brühe; in Ferrara werden die *tortelli* mit Kürbis gefüllt.

vincisgrassi – Verballhornung des Namens eines österreichischen Offiziers (Windisch-Graetz), dem dieser Nudelauflauf mit Béchamelsauce besonders gemundet hat

Ein sommerliches Nudelgericht sind *spaghetti alle vongole* oder *alla marinara,* d. h. mit Venusmuscheln oder Meeresfrüchten. Aber man bekommt natürlich auch viele Nudelvarianten mit Gemüse- und Fleischsaucen, z. B. – einfach, bekömmlich und ideal an heißen Tagen – mit frischen Tomatenstückchen, duftendem Basilikum und Olivenöl. *Tagliatelle* oder *pappardelle,* Bandnudeln, isst man mit Fleischsauce oder mit Pilzen. Natürlich hat auch bei der Pasta jede Region ihre Spezialitäten: In den Marken ist es ein Nudelauflauf mit dem sonderbaren Namen *vincisgrassi,* in der Emilia-Romagna heißt der Nudelauflauf *lasagne.* Im Veneto liebt man dagegen Reis, z. B. *risi bisi,* Reis mit Erbsen, oder *polenta,* Maisgrießbrei mit Wild, gebratenen Würsten, mit Käse, mit Pilzen, mit Tintenfischen. *Polenta* ist auch im Friaul verbreitet, und Teigtaschen mit dem Namen *cialzons* werden dort mit Kräutern oder Fleisch gefüllt.

In Triest stößt man auf Hauptgerichte österreichisch-ungarischen Ursprungs wie Gulasch, Kalbshaxe und Kohleintöpfe – da merkt man die Nähe zum Osten. Überall gibt es *tagliata di manzo,* kurz angebratenes Rindfleisch, *scaloppine,* Kalbsschnitzel mit Zitrone oder Pilzen, *carne alla griglia,* Fleisch vom Grill. In der Romagna und in den Marken werden Sie immer wieder auf Lamm *(agnello)* und Kaninchen *(coniglio)* stoßen, vom Grill oder aus dem Ofen und mit vielen Kräutern wie Rosmarin, Thymian, Origano gewürzt.

Italien ist auch ein reiches Käseland: Da gibt es die würzigen Kuhmilchkäse Montasio und Asiago aus den Bergen des Nordostens, den körnigen Reib- und Speisekäse Parmigiano-Reggiano, den Pecorino aus Schafsmilch, den es in unzähligen Aroma- und Reifevarianten vor allem in den Marken gibt.

Schließlich etwas für Leute, die Süßes lieben: In Triest sollten Sie die berühmte *gubana* probieren, mit Mandeln, Nüssen, Pinienkernen und Rum gefüllter Blätterteig; in den *pasticcerie* läuft einem beim Anblick der kleinen Köstlichkeiten aus feinem Teig mit Ricotta- oder Cremefüllungen, mit kandierten oder frischen Früchten das Wasser im Munde zusammen. Als Nachtisch bekommt man Mürbeteigkuchen, *crostata* genannt, Puddingspeisen wie *panna cotta, tiramisu, zuppa inglese,* frischen Fruchtsalat, den man *macedonia* nennt.

Im Hinterland der Adria erheben sich die Hügel voller Weinberge: Aus dem Collio im Friaul kommen die besten Weißweine Italiens, Tocai, Verduzzo Friulano, Pinot Grigio und viele mehr. Weltbekannte süffige Tafelweine kommen aus dem Veneto: Valpolicella, Bardolino, Soave oder der spritzige, moussierende Aperitifwein Prosecco. Die Romagna wartet mit dem gehaltvollen roten Sangiovese auf und mit den Weißen Albana und Trebbiano. Hier wie auch im Friaul werden außerdem die internationalen Edelreben wie Sauvignon und Chardonnay sehr erfolgreich angebaut. Aus den Marken kommt der weiße Verdicchio dei Castelli di Jesi, in ganz Italien bekannt als besonders geeigneter Begleiter zu Fisch. Zum Abschluss kann man zwischen den Anisschnäpsen der Marken und dem Grappa wählen, heute immer häufiger aus dem Trester nur einer Rebsorte destilliert.

Shoppen unterm Sternenhimmel

Im Sommer boomen die Straßen- und Abendmärkte mit Klamotten, Kunsthandwerk und Trödel

Bummeln und Shoppen gehören zu den beliebtesten Ferienbeschäftigungen. Darauf sind die Badeorte an der Adria bestens vorbereitet: Am Abend werden die Zentren für den Autoverkehr gesperrt, und der Bummel vorbei an den zahllosen Boutiquen, Sport-, Jeans-, Dessous- und Schuhläden kann beginnen. Die Geschäfte haben in der Hochsaison bis 23 oder 24 Uhr geöffnet. Die 8 km lange Flaniermeile in Jesolo mit ihren Hunderten von Läden ist über die Grenzen der Adria hinaus bekannt. Riccione, jahrelang berühmt für seine superschicken Einkaufsstraßen Viale Ceccarini und Viale Dante, steht bei Shoppingexperten heute besser da denn je: Mitte Juli finden hier unterm Sternenhimmel am Meer Schauen sowie Ausstellungen von internationalen Nachwuchstalenten in Sachen Modeschöpfung statt.

Jeder Ort hat seinen Wochenmarkt mit Lebensmitteln von hoher Qualität, mit Kleidung, Schuhen, Haushaltswaren zu reellen Preisen. In der Sommerzeit kommen die Abendmärkte dazu mit Antiquitäten, Trödel, Kunsthandwerklichem, neben viel Kitsch auch schönen Sachen, etwa in Keramik, Ton oder Stein. Auch Bioprodukte, Kräuter und selbst gemachte Seifen werden angeboten.

Einige Orte stehen für besondere Traditionen: Chioggia war einst berühmt für seine Tonpfeifen, ein paar Werkstätten verkaufen sie heute wieder, ein originelles Andenken. Aus dem Hinterland von Rimini kommen die schönen *tele ruggine,* mit rostbraunen, blauen oder gelben Mustern handbedruckte Leinentischdecken, die man in guten Geschenk- und Wäscheläden längs der Küste findet. In Asolo im venetischen Hinterland bekommt man wunderbare Spitzen, ebenso auf der venezianischen Laguneninsel Burano. Gläserne Kostbarkeiten aus Murano bzw. Venedig finden sich überall in und um Venedig – neben viel buntem Kitsch stößt man auch auf ganz neue Formen an Glasgeblasenem. Schließlich Keramik: Faenza, ein berühmtes Keramikzentrum mit wertvoller Tradition, wo heute noch über 60 Werkstätten arbeiten, liegt nicht weit von der Küste der Romagna, eine einmalige Gelegenheit. Überlegen Sie: Die Benetton-Jacke, die Prada-Schuhe bekommen Sie zum selben Preis auch zu Hause.

Mal kostbar, mal kitschig: Muranoglas

Feste, Events und mehr

Gefeiert wird an der Adria zu Wasser und zu Lande

Feiertage

1. Januar *(Capodanno)*; **6. Januar** *(Epifania)*; **Ostersonntag und -montag** *(Pasqua)*; **25. April** *(Liberazione)*; **1. Mai** *(Festa del Lavoro)*; **2. Juni** *(Festa della Repubblica)*; **15. August** *(Ferragosto)*; **1. November** *(Ognissanti)*; **8. Dezember** *(Immacolata Concezione)*; **25. und 26. Dezember** *(Natale)*

Palio del Niballo in Faenza

Feste und Veranstaltungen

Februar/März

Carnevale di Fano: im Markenstädtchen Fano vier tolle Tage mit phantastischen Szenarien.
Carnevale di Muggia: zehn Tage farbenfrohes Maskenspektakel im Städtchen an der slowenischen Grenze

Mitte April–Mitte Juli

Ravenna Festival: in Theatern und Sälen ein reiches Konzertprogramm mit E- und U-Musik

April

Insider Tipp *Cervia Artevento:* In der letzten Aprilwoche steigen die schönsten Drachen über Cervias Strand auf, ein magisches Schauspiel.

Mai/Juni

Sposalizio con il Mare: zu Himmelfahrt die Vermählung Cervias mit dem Meer, ein prächtiges Historienspiel zu Land und zu Wasser, das seit dem 16. Jh. begangen wird
Blu Rimini: Ende Mai/Anfang Juni dreht sich im neuen Yachthafen von Rimini alles ums Segeln, mit Unterhaltung, Schlemmen, Regatten, Infoständen, Modellyachten.

Juni

🏃 *Heineken Jammin' Festival:* zweitägiges Festival mit hochkarätigen italienischen und internationalen Rockstars auf der Motorrennbahn von Imola im Hinterland von Ravenna
Sculture di Sabbia in Jesolo: Mitte Juni treffen sich alljährlich am Strand Casa Bianca internationale Bildhauer, um aus dem feinen Dünensand großartige Skulpturen zu bauen.
Palio del Niballo: mittelalterliches Reiterwettspiel Mitte Juni in Faenza
Insider Tipp *Mostra Internazionale del Nuovo Cinema:* ausgefallenes internationales Avantgardekino in Pesaro in der letzten Juniwoche

Gradisca: Rimini lädt am dritten Juniwochenende an den Strand ein, zu Musik, kulinarischen Genüssen und zum nach Expertenmeinung schönsten Feuerwerk Europas.

Juli

🏃 *Santarcangelo dei Teatri:* In den ersten zehn Julitagen beleben Theatergruppen den mittelalterlichen Kern von Santarcangelo di Romagna.
Feste Medievali: Schlemmerbankette mit Bänkelgesang und buntem Gassentreiben verführen in den ersten beiden Juliwochen im malerischen Städtchen Brisighella bei Faenza zu einer genüsslichen Zeitreise ins Mittelalter.
Sagra del Pesce: Fischfest auf Chioggias zentraler Altstadtachse Corso del Popolo mit Schlemmerständen, Musik, Theater etc.
Rassegna Lirica Torelliana: Im hübschen Theater della Fortuna von Fano bestreiten Nachwuchsmusiker und -sänger die Aufführungen dieses Opernfestivals.

August

Quintana: prachtvolles Reiterfest in Renaissancekostümen am ersten Augustsonntag in Ascoli Piceno
Ferragosto: Um den 15. August steigert sich der italienische Sommer zum Höhepunkt mit Straßen- und Strandfesten, Musik und Feuerwerk.
Rossini-Festival: hochkarätiges, dichtes Opernprogramm in Pesaro zu Ehren des berühmten Sohnes der Stadt

🏃 *Busker's Festival:* In Ferrara füllen sich in der letzten Augustwoche die Plätze der Stadt mit Straßenmusikern aus aller Welt.

Ende August–September

Sagra Musicale Malatestiana: Konzertreihe in Rimini mit hochkarätigen internationalen Ensembles

September

Riviera Fiorita: Am Brentakanal lebt Mitte September venezianischer Glanz wieder auf mit einer Regatta in historischen Booten und der Flussfahrt des Dogen in seiner goldenen Barke, dem Bucintoro.
Caorlevivistoria: am dritten Wochenende lebendiges Historienspektakel in den Gassen und am Fischerhafen von Caorle

Oktober

Barcolana: am zweiten Wochenende des Monats belebt sich der Golf von Triest mit der beliebtesten Amateursegelregatta an der Adria.

Riviera Fiorita am Brentakanal

Felsige Küsten und sandige Lagunen

Höhlen im Karst, ein weißes Schloss am blauen Meer, archaische Kirchen

Gelati für die bambini: Sommerszene am Lido von Lignano

Wer Ferien am Strand von Lignano oder Grado macht, entdeckt dabei die auffallend vielfältige Region Friaul-Julisch-Venetien im äußersten Nordosten Italiens. Die hohen Alpenzüge im Norden kann man sich für Berg- bzw. Skiferien vormerken. Ihre Adriaküste hingegen beginnt im äußersten Osten mit dem von Grotten und unterirdischen Flüssen unterhöhlten Kalkgebirge des Karsts am Golf von Triest, der zum Meer hin zu einer spektakulären Felsküste abfällt. Gen Westen wird es dann ganz flach dank der Mündungslandschaften der Flüsse Isonzo, Stella und Tagliamento mit Sandnehrungen, Dünen und Lagunen. Auf den sandigen Landzungen um die Lagunenbecken herum hat sich in den letzten 100 Jahren mit den Lidi von Grado und Lignano eine florierende Strandferienindustrie entwickelt.

Ans österreichische Kärnten und ans slowenische Istrien grenzend, war die Region mit ihrem Zugang zum Meer immer schon ein klassisches Grenz- und Durchgangsgebiet, in dem sich die Kulturen ge-

Großartige Blicke übers Meer genießen Sie auf einem Spaziergang an der Klippenküste bei Duino

kreuzt haben. In Triest glaubt man sich fast eher in Österreich als in Italien. Und im Karst im Hinterland der Stadt spricht man Slowenisch. Ausführliche Informationen zum Hinterland finden Sie im MARCO POLO Band »Venetien/Friaul«.

GRADO

[115 D5] ★ Wer neben Sandstrand und der modernen Erschließung durch Hotels, Ferienwohnungen und Badeanstalten auch noch das malerisch Verwinkelte eines alten Städtchens sucht, der ist in Grado (9000 Ew.) genau richtig. Über einen langen Straßendamm gelangt man in das uralte Lagunenstädtchen am Meer. Der Spaziergang durch die

Zu Grados Charme trägt ein noch aktiver Fischerhafen bei

Altstadt führt durch Gassen und über kleine Plätze und vorbei an geduckten, alten Fischerhäusern am von bunten Fassaden gesäumten Hafenkanal entlang. Im Sommer sitzt man lauschig auf den Plätzen bei einem Eis oder frischen Fischgerichten.

Schon die Römer sollen am Strand des Lagunenstreifens von Grado dem Müßiggang gefrönt haben. Mit dem Niedergang des Römischen Reichs traten im 5. Jh. die ersten christlichen Kirchenoberhäupter, die byzantinisch orientierten Patriarchen, in das Machtvakuum. Aquileia auf dem Festland wurde Patriarchensitz, doch mit dem Vordringen der »Barbaren« – der Hunnen unter Attila 452 und 100 Jahre später der Langobarden – entwickelte sich Grado draußen auf dem Meer zur Zufluchtsstätte und damit zum alternativen Bischofssitz. Die alten Kirchen zeugen noch davon.

SEHENSWERTES

Piazza dei Patriarchi

Am zentralen Platz der Patriarchen erhebt sich die 579 geweihte Basilika *Sant'Eufemia* mit ihrem Kirchturm aus dem 15. Jh. In ihrem durch Alabasterfenster feierlich ausgeleuchteten Innenraum wandelt man über einen schönen Mosaikboden (6. Jh.). Die Venezianer schenkten den kostbaren silbernen Altaraufsatz von 1372. Im Kirchhof finden sich römische Sarkophagreste und die achteckige Taufkapelle. Auf der anderen Seite der Piazza steht die noch ältere Basilika *Santa Maria delle Grazie* ebenfalls mit Resten des ursprünglichen Mosaikfußbodens.

ESSEN & TRINKEN

Agli Artisti

Charmantes Lokal in der Altstadt, wunderbar die gedämpften Garnelen. *Di-Mittag und Mi-Mittag geschl., Campiello Porta Grande 2, Tel. 043 18 30 81, www.agliartisti.it, €€*

A la Bronsa
Hier im Ortsteil Pineta gibt es Fisch vom Grill, einfach, aber sehr gut. Mückenmittel nicht vergessen! *Di geschl., Viale Orsa Maggiore 1, Tel. 043 18 33 11, €–€€*

ÜBERNACHTEN

Camping Tenuta Primero
🏃 6 km östlich liegt dieser große, gepflegte Platz schattig unter Bäumen in Meernähe; dank reichem Sport- und Spielangebot ist er besonders bei Jugendlichen und Familien beliebt. *Okt.–Mitte April geschl., Tel. 04 31 89 69 00, Fax 04 31 89 69 01, www.tenuta-primero.com*

Hotel Hannover
Sehr komfortables, gepflegtes Hotel im Zentrum beim Fischerhafen. *25 Zi., Piazza 26 Maggio, Tel. 043 18 22 64, Fax 043 18 21 41, www.hotelhannover.com, €€€*

Mar del Plata
Ca. 2 km von der Altstadt im schattigen Kiefernwald von Pineta und nur 100 m vom Strand, erfreut dieses Hotel mit angenehmer Innenausstattung, Pool, gutem Essen und Gästerädern. *35 Zi., Viale Andromeda 5, Tel. 043 18 10 81, Fax 043 18 54 00, www.hotelmardelplata.it, €–€€*

AM ABEND

Man trifft sich zum Bummel mit Abendshopping in den Altstadtgassen oder flaniert über den Lungomare. Treffpunkt zum abendlichen Eis ist die *Eisdiele Panciera (Mi geschl., Viale Europa Unita 30–32).* Reichhaltiges Kulturprogramm im Sommer.

Insider Tipp

MARCO POLO Highlights
»Friaul-Julisch-Venetien«

⭐ **San-Giusto-Hügel**
Der Stadthügel von Triest mit seinen sich überlagernden Kulturschichten (Seite 37)

⭐ **Miramare**
In Schloss und Park bei Triest sind fürstliche Träume des 19. Jhs. realisiert (Seite 39)

⭐ **Bodenmosaik**
In der Basilika von Aquileia ein Bilderbuch zur biblischen Geschichte (Seite 31)

⭐ **Cividale del Friuli**
Die Stadt der Langobarden lohnt den Ausflug (Seite 31)

⭐ **Grotta Gigante**
Unterirdische Wunderwelt im Karst von Triest (Seite 39)

⭐ **Duino**
Ein Panoramaweg führt zum Rilke-Schloss (Seite 38)

⭐ **Grado**
Sand, Sonne und 2000 Jahre Geschichte (Seite 27)

STRÄNDE & LAGUNE

Die feinsten Strandbäder liegen direkt vor Grado am *lungomare,* der Uferpromenade, an der auch die besten Hotels stehen. Dann gibt es aber auch wunderschöne Lagunenstrände in freier Natur, zu denen man nur mit dem Boot gelangt – die Stammgäste Grados wissen das und bringen sich ihr eigenes Kanu mit. Oder man mietet sich ein Motorboot. Besonders schön sind der Strand *Banco d'Orio* und die Insel *Isola di Porto Buso:* Hier gibt es köstlichen, frischen Lagunenfisch in der *Trattoria Ai Ciodi (Ostern–Mitte Okt. tgl., Tel. 337 53 47 64, €);* einen Bootsausflug lohnt auch die *Laguneninsel Barbana* mit der Wallfahrtskirche Santa Maria. Bootsausflüge in der Lagune organisiert *Agenzia Adriamare (Via Manzoni 22, Tel. 043 18 01 87, www.adria mareviaggi.it)* oder *Gruppo Motoscafisti Gradesi (Tel. 043 18 01 15).*

Insider Tipp

THERMEN

Grado hat seit jeher einen renommierten Kurbetrieb, zu dem auch die unter Leistungssportlern sehr beliebten Sandkuren gehören. Die Kuranlagen (mit Thermalkurpark mit Unterwassermassagen, Kaskaden und Kinderspielgeräten) befinden sich am Hauptstrand Spiaggia Principale: *Parco Termale Acquatico (Tel. 04 31 89 93 08, www.gradoit.it).*

AUSKUNFT

Viale Dante Alighieri 72, Tel. 04 31 87 71 11, Fax 043 18 35 09, www.gradoturismo.info

ZIELE IN DER UMGEBUNG

Aquileia [115 D4]

An der alten Römerstraße, die durch die Lagune nach Grado führt, liegt wenige Kilometer nördlich Aquileia: Man kann sich kaum vorstel-

Das Forum Romanum zeugt von Aquileias großer Vergangenheit

len, dass dort, wo sich jetzt ein Dorf von knapp 3000 Seelen mit ein paar Andenkenläden verliert, einst die viertgrößte Stadt Italiens ausgebreitet hat. Vor mehr als 2000 Jahren war Aquileia mit über 100 000 Ew. der bedeutendste römische Militärstützpunkt im Nordosten und der Hafen, der Rom mit dem Balkan verband. Längs der Straße steht ein mächtiges Mausoleum aus der Zeit des Augustus, ebenso hat man die Säulen des Forums und Reste des Hafens am Ufer des Flusses Natissa ausgegraben. Weitere römische Ausgrabungsreste sammelt das *Museo Archeologico Nazionale (Di bis So 8.30–19.30, Mo 8.30–14 Uhr, Via Roma 1).*

Mit dem Aufkommen des Christentums wurde Aquileia im 4. und 5. Jh. zum Patriarchensitz. Die einstige Bedeutung lässt die grandiose *Basilika* von 319 erahnen. Sie weist das größte ★ Bodenmosaik aus frühchristlicher Zeit auf. Voller lebendiger Details erzählen die Bilder aus der Zeit der christlichen Anfänge, etwa im Streit zwischen Hahn und Schildkröte oder vom Fischer auf Fischfang. Noch mehr Mosaiken bestaunt man im *Museo Paleocristiano (tgl. 8.30–13.45 Uhr, Piazza Pirano)* auf den Ruinen einer weiteren uralten Basilika. Anschließend labt man sich an den Kuchen der *Pasticceria Mosaico* im Schatten der Basilika.

Cividale del Friuli [115 D2]
★ Wer Lust hat auf Erkundung des Hinterlands, dem sei ein Ausflug nach Cividale (11 000 Ew.) 70 km nördlich empfohlen. Im von den Römern gegründeten Städtchen errichteten im frühen Mittelalter die Langobarden ihren nordostitalischen Hauptsitz. In dem lebhaften alten Ort, malerisch über dem Fluss Natisone gelegen (gehen Sie auf die ⚠ Brücke *Ponte del Diavolo!*), lässt es sich herrlich bummeln.

Vor allem schaut man sich die Überbleibsel der Langobarden an, so den *Tempietto Longobardo (Mo bis Sa 9.30–12.30 und 15–18.30, Okt.–März bis 17 Uhr, So 9.30 bis 12.30 und 15–19.30 Uhr)* aus dem 8. Jh. In dem Kirchlein überraschen im Innern wunderbar erhaltene, fein ziselierte Stuckdekorationen und sechs geheimnisvolle Frauenfiguren. Kostbare Grabbeigaben der Langobarden zeigt das *Museo Cristiano am Domplatz (wegen Restaurierung zzt. geschl.).* Das *Museo Archeologico Nazionale (Di–So 8.30 bis 19, Mo 9–13.30 Uhr)*, ebenfalls am Domplatz, wartet mit Fundstücken zu allen Epochen der Stadt auf. Leckere friulanische Küche und Wein vom eigenen Weingut gibts im *Al Monastero (So-Abend und Mo geschl., Via Ristori 9, Tel. 04 32 70 08 08, €)* in der Altstadt.

Palmanova [115 D3–4]
Auf dem Weg nach Udine oder Cividale del Friuli sollten Sie gut 25 km nördlich in Palmanova (5500 Ew.) Halt machen. Berühmt ist das Stadtbild aus der Vogelperspektive: Die Festungsmauern bilden einen neuneckigen Stern. Jede Sternecke ein Bollwerk gegen Türken oder Österreicher, so planten es die Venezianer beim Bau 1593. Bis heute offenbart der Ort den Schönheitssinn der Renaissance selbst bei Militäranlagen.

Udine [114 C3]
Ein lohnendes Ausflugsziel gut 50 km nördlich ist Udine (100 000

Ew.), für die Friulaner die eigentliche Hauptstadt der Region. Hier bezaubern vor allem die Plätze, so die venezianisch geprägte *Piazza della Libertà* mit mehreren Palazzi und der festlichen, rosa-weiß gestreiften *Loggia del Lionello* sowie die von Bürgerhäusern gesäumte, gemütliche *Piazza Matteotti* mit einem Markt *(Di–Sa)* und Cafés. Einen Höhepunkt bilden die wunderbar luftigen Malereien des großen venezianischen Malers Giovanni Battista Tiepolo (18. Jh.) im *Dom* (Fresken im *Oratorio della Purità* und in der *Cappella del Sacramento*) und im Bischofspalast *Palazzo Arcivescovile* *(Mi–So 10–12 und 15.30–18.30 Uhr, Piazza del Patriarcato 1)*. Zum Imbiss mit Pasta, Käse und erstklassigem Wein geht es in die *Osteria Cappello (Mo geschl., Via Sarpi 5, Tel. 04 32 29 93 27, €)*.

LIGNANO

[114 C5] Manche nennen den 8 km langen Sandstrand zwischen der äußersten Spitze der Lagunenhalbinsel und der Mündung des Tagliamento mit seinen 100 000 Gästebetten, die sich auf Hotels, Campingplätze und vor allem Ferienwohnungen verteilen, ironisch den Strand der Wiener Hausmeister. Viele kommen seit Jahren hierher, sind Stammgäste schon in der zweiten oder dritten Generation. Der weite, flache Strand mit seichtem Meerzugang eignet sich bestens für Familien mit Kindern. Einer der drei Gemeindeteile, 🏃 Sabbiadoro, gilt mit seinen zahlreichen Musikclubs, Diskotheken, Kneipen und dem abendlichen Bummel unter manchen Jugendlichen sogar als veritable

Alternative zur Partyinsel Ibiza.

Vor 100 Jahren, 1903, wurde auf dem Landzipfel aus Dünen und goldenem Sand (»sabbia d'oro«), der die Lagune von Marano im Südwesten gegen das Meer abschließt, das erste Hotel errichtet. In den Sechzigerjahren begann der boomartige Ausbau der Halbinsel. Heute setzt sich die Gemeinde (6000 Ew.) aus drei Siedlungen zusammen, neben dem rummeligen Sabbiadoro sind das Pineta und das besonders grüne, ruhige Riviera.

Im Sommer steht alles im Zeichen von Sport, Animation und Musik. Lignano besitzt eines der größten Spielfelder für Beachvolleyball, Beach Soccer und Beach Rugby an der ganzen Adria. Für die Kinder gibt es das *Aqua Splash,* ein großes Wasserspaßbad, den *Luna Park,* eine Art Disneyland, und den *Zoo Punta Verde.* Wie Grado verfügt auch Lignano über Heilkuranlagen und Schönheitszentren. Außerdem kommen die acht Yachthäfen von Lignano auf rund 6000 Liegeplätze.

SEHENSWERTES

Lignano-Pineta
Als Pineta in den Fünfzigerjahren des 20. Jhs. als Badeort erschlossen wurde, wollte man es besser machen als anderswo: Architekt Marcello d'Olivo legte die Bebauung mit kleinen Villen als eine sich behutsam ins Grün hinein öffnende Spirale an. Die Anlage wurde nie vollendet und bald von konventioneller dichterer Bebauung abgelöst. Doch die ersten grünen, kreisförmig verlaufenden Straßenzüge sind realisiert worden und lohnen einen Spaziergang.

Marina Punto Faro und Giardino dei Laberinti

Lignano-Sabbiadoro hat einen einigermaßen eleganten Ruf zu verteidigen. So verpflichtete man zur Erschließung der nordöstlichen Landspitze zwischen Meer und Lagune renommierte Architekten, die eine avantgardistische Freizeitarchitektur schufen: Ende der Siebzigerjahre die kühne, großräumige Sporthafenanlage Punta Faro sowie Ende der Achtziger die Veranstaltungsarena Alpe Adria und den dazugehörigen postmodernen Giardino dei Labirinti.

ESSEN & TRINKEN

Ristorante Bidin

Einladendes Traditionslokal in Sabbiadoro, eine Institution und eines der wenigen ganzjährig geöffneten Lokale. *Mi geschl., Viale Europa 1, Tel. 043 17 19 88, €€€*

La Pigna

Im Restaurant dieses gepflegten Dreisternehotels *(21 Zi., €)* in Lignano-Pineta isst man gut. Die Besitzer be-

treiben auch eine Weinstube mit einer großen Auswahl guter Tropfen, die man zu leckeren Happen kosten kann. *Mo geschl., Via dei Pini 9, Tel. 04 31 42 89 91, €€*

EINKAUFEN

Lignano zählt über 750 Geschäfte, Shopping und Schaufensterbummeln ist vor allem im Zentrum von Sabbiadoro groß angesagt, und das bis spät in den Abend. Montag früh ist Wochenmarkt.

ÜBERNACHTEN

Ferienwohnungen

Mehr als die Hälfte der Gäste übernachtet in Bungalows bzw. Ferienwohnungen, die über zahlreiche Agenturen vermittelt werden. Deren Adressen bekommen Sie übers Fremdenverkehrsamt bzw. unter *www.aiatlignano.it* und *www.ligna no.com*.

Hotel Marina Uno

In Riviera nahe der Tagliamentomündung liegt diese moderne,

Sommerliches Strandvergnügen: Tretboot fahren und danach ein Eis

großzügige Anlage mit Pool und Fitnessabteilung. Sonderkonditionen mit dem nahen Yachthafen und dem Golfplatz. Das Feinschmeckerrestaurant *Newport* gehört zum Haus. *87 Zi., Viale Adriatico 7, Tel./Fax 04 31 42 71 71, www.marina uno.it, €€€*

Hotel Oldriver
Freundlich geführtes, gepflegtes Ferienhotel in Riviera mit Swimmingpool und Gästerädern. *41 Zi., Viale Adriatico 8, Tel. 04 31 42 85 34, Fax 04 31 42 84 44, www.hotelold river.it, €*

Hotel Vittoria
Geschmackvoll eingerichtetes Komforthotel direkt am Strand im Osten Sabbiadoros mit guter Küche. *52 Zi., Lungomare Marin 28, Tel. 043 17 12 21, Fax 043 17 32 92, www.hotel-vittoria.net, €€*

STRAND

Der 8 km lange, breite Strand mit feinem Sand ist voll gestellt mit Liegestühlen und Sonnenschirmen; die meisten Hotels reservieren für ihre Gäste Liegen und Schirme am Strand. Sonst kostet ein Schirm plus zwei Liegen ca. 14–20 Euro Tagesmiete. Viele Strandbäder bieten Spiel und Animation, eine Partie Beachvolleyball ist immer angesagt. Und abends ist meist irgendwo eine Strandparty.

AM ABEND

Nach dem Strandtag geht es abends nach Sabbiadoro: Die Straßen sind für den Verkehr gesperrt, ungehindert bummeln Tausende an den offenen Läden vorbei, Straßencafés laden zum Eis ein, die Jugendlichen treffen sich in den Musikbars. Sehr viel später am Abend ziehen sie weiter in die 🏃 Diskotheken wie *Aqua* direkt am Meer, ins riesige *Mirò*, ins *Italia* oder in den *Kursaal Club*. In der Sommersaison wird ein reiches Unterhaltungsprogramm geboten, nur Puppentheater für Kinder, Auftritten von Showgrößen bis zum prachtvollen Feuerwerk zu Ferragosto am 15. August.

AUSKUNFT

Via Latisana 42, Sabbiadoro, Tel. 043 17 18 21, Fax 043 17 04 49, im Sommer auch Infobüro in Pineta, Via dei Pini 53, www.aiatligna no.it

ZIELE IN DER UMGEBUNG

Laguna di Marano　　[114 C4–5]
Die Lagune von Marano bildet zusammen mit der Lagune von Grado ein 160 km² großes Feuchtgebiet, in dem die Zugvögel Zwischenstation machen. Zum Meer hin wird sie von einer Reihe von Sandnehrungen und Inseln geschützt, und die vielen Zuflüsse aus der friulanischen Ebene versorgen sie mit Süßwasser. Die Flussmündungen stehen heute alle unter strengem Naturschutz, was seltenen Vogelarten Lebensraum garantiert. Von Ligno-Sabbiadoro führen regelmäßige Bootsausflüge in diese faszinierende Landschaft, in der man auf die typischen *casoni* stößt, einst von den Fischern genutzte Schilfdachhäuser. Im Lagunenort *Marano Lagunare*, ebenfalls Ziel der Bootstouren, findet Di–Sa ein großer Fischmarkt statt. Auskunft zu den Bootstouren im Fremdenverkehrsamt.

Latisana, Sesto al Reghena und Pordenone [114 A–C 3–4]

Beim Ausflug in die knapp 60 km nordwestlich gelegene, lebendige Provinzstadt Pordenone (49 000 Ew.) empfehlen sich ein paar Zwischenstationen auf dem Weg: *Latisana,* das gut 20 km landeinwärts gleich unterhalb des Deichs am Tagliamento liegt, diente zur Blütezeit Aquileias den Patriarchen als Flusshafen. Wer sich für die großen venetischen Maler interessiert, sollte sich im *Dom* (18. Jh.) die Taufe des Christus von Paolo Veronese aus dem Jahr 1567 anschauen.

Nach weiteren 13 km gelangen Sie ins venetische Städtchen *Portogruaro* mit malerischem Kern und ins nahe, viel ältere *Concordia Sagittaria* (zu beiden siehe Kapitel Venetien). 9 km weiter nördlich schaut man sich in *Sesto al Reghena* die stimmungsvolle romanische Abteianlage Santa Maria in Silvis *(tgl. 9–12 und 15–18 Uhr)* an, die schon die Langobarden im 8. Jh. gründeten. Ein kostbarer Schatz sind die gut erhaltenen Fresken (11. und 13. Jh.) in der Abteikirche.

Schließlich in *Pordenone* angelangt, bummelt es sich beschaulich über die Altstadtmeile Corso Vittorio Emanuele unter Arkaden und vorbei an mit Fresken geschmückten Palazzi aus Mittelalter und Renaissance. Im *Dom* hängt ein Bild des berühmten Sohnes der Stadt, des Malers Pordenone (1484 bis 1539), die Madonna della Misericordia. Danach labt man sich an der herzhaften Küche in der *Vecia Osteria del Moro (So geschl., Via Castello 2, Tel. 043 42 86 58, €€).*

TRIEST (TRIESTE)

Karte in der hinteren Umschlagklappe

[115 E–F5] Triest ist ein Mythos – wer an der oberen Adria Ferien macht, sollte der Stadt am Meer (215 000 Ew.) einen Besuch abstat-

Ja wo fliegen Sie denn? Birdwatching an der Lagune von Marano

Prächtige Lagerhäuser aus dem 18. Jh. säumen den Canal Grande in Triest

ten. Der Eindruck, sich nicht in Italien, sondern in einer österreichischen Stadt zu befinden, hat seinen Reiz, wie er typisch ist für Grenzorte und Schnittpunkte zweier Welten, hier der mediterranen mit der slawischen und alpenländischen. Die Glanzzeit der Stadt – im 18. und 19. Jh. der Adriahafen für den Vielvölkerstaat der Habsburger, als Reedereien, Handelsgesellschaften und Versicherungen hier ihre prachtvollen klassizistischen Paläste errichteten – war mit dem Ersten Weltkrieg vorbei. Triest landete in einer geopolitisch toten Ecke, erst recht nach dem Zweiten Weltkrieg, als sich die Stadt an der Grenze zum Ostblock wiederfand. Heute ist Triest wieder ein Tor zum Balkanraum; die Hafentätigkeit hat zugenommen, ebenso das Auftragsvolumen der Werften vor allem in Monfalcone. Hochkarätige internationale Forschungsinstitute sind in der Stadt tätig, und das kulturelle Leben ist recht lebendig. Machen Sie eine Kaffeepause in einem der schönen Kaffeehäuser der k. u. k. Tradition!

SEHENSWERTES

Canal Grande

Während der Regentschaft der Habsburgerin Maria Theresia entstand Mitte des 18. Jhs. der breite Kanal als geschützte Einlaufschneise für die Schiffe zum Ab- und Beladen direkt vor den Lagergebäuden der Handelsgesellschaften, die den Kanal flankierten. Der Kanal läuft schnurgerade auf die klassizistische Fassade der Kirche *Sant'Antonio Nuovo* zu. Ihr zur Seite erhebt sich der serbisch-orthodoxe Kuppeltempel *San Spiridone,* ein Zeichen für die Religionsvielfalt des Habsburger Vielvölkerstaats.

Piazza dell'Unità d'Italia

Was den zum Meer hin geöffneten Salon der Stadt so prachtvoll und elegant macht, sind die Fassaden der Paläste aus dem 19. Jh: das Rathaus *Palazzo Comunale,* der Regierungspalast *Palazzo del Governo* mit dem *Caffè degli Specchi,* einem der berühmten Triestiner Kaffeehäuser, sowie der mächtige einstige Sitz der

Lloyd-Versicherung und das *Grand-hotel Duchi d'Aosta*. Im Sommer finden auf der Piazza bei stimmungsvoller Beleuchtung Konzerte statt.

Risiera di San Saba

In dieser alten Reisraffinerie richteten die Deutschen noch gegen Ende des Zweiten Weltkriegs ein Vernichtungslager ein, das einzige in Italien, wie Rekonstruktionen und eine Dokumentation zeigen. *Tgl. 9–19 Uhr, Via Ratto della Pileria 43*

San-Giusto-Hügel

★ Auf dem Hügel über dem Stadtzentrum war die Stadt vor mehr als 2000 Jahren als römischer Markt Tergeste entstanden, Säulenstümpfe des *römischen Forums* stehen noch wie auch unterhalb des Hügels das *römische Theater*. Im Mittelalter errichtete man hier oben die dem Stadtheiligen San Giusto geweihte *Basilika;* der heutige Bau entstand um 1300 auf den Resten zweier frühchristlicher Vorgängerbauten. Innenausstattung und Mauerwerk stecken voller sehenswerter Details, etwa am Turm in einer Nische die Figur des San Giusto. Daneben erhebt sich die mächtige *Burganlage (zzt. nur teilweise zu besichtigen)* so, wie sie die Venezianer 1509 ausgebaut hatten. Von ihren Festungsmauern hat man einen phantastischen Blick auf die Stadt und den Golf.

MUSEEN

Museo del Mare

In einer Hafen- und Werftstadt wie Triest darf ein Museum mit Schiffsmodellen natürlich nicht fehlen. *Di–So 8.30–13.30 Uhr, Via Campo Marzio 5*

Museo Revoltella

Insider Tipp

Der riesige Wohnpalast des Kaufmanns Pasquale Revoltella aus dem 19. Jh. zeugt vom Reichtum der Triestiner Kaufleute; hier sieht man seine Kunstsammlung sowie Werke der Moderne des 20. Jhs. *Mi–Sa und Mo 9–13.30 und 16–19 Uhr, So 10–19 Uhr, Via Diaz 27*

Museo Civico di Storia ed Arte/Orto Lapidario

Am steilen Weg hinauf auf den Hügel San Giusto liegt das Archäologische Museum mit Kostbarkeiten zur antiken Geschichte Triests sowie einem Garten mit Resten römischer Skulpturen, Sarkophage und Reliefplatten. *Di–So 9–13 (Mi bis 19) Uhr, Via Cattedrale 15*

ESSEN & TRINKEN

Da Giovanni

Insider Tipp

Ein typisches Triestiner Buffet im Zentrum: An Holztischen isst man dampfendes Kochfleisch, gebrühten Schinken, die regionaltypische Kohlsuppe *jota* und gebratenen Fisch. *So geschl., Via San Lazzaro 14 b, Tel. 040 63 93 96, €*

Scabar

In diesem schönen, modernen Lokal, etwas außerhalb Triests im Süden Richtung Muggia gelegen, überrascht die einfallsreiche Zubereitung der Triestiner Traditionsküche. *Mo geschl., Erta Sant'Anna, Tel. 040 81 03 68, www.scabar.it, €€€*

EINKAUFEN

Von den einstigen Straßenmärkten ist nicht mehr viel übrig geblieben. Eine große Markthalle steht an der

Via Carducci, an der Sie auch die Kaufhäuser *Coin* und *Upim* finden. In der Innenstadt *(Viale XX Settembre, Corso Italia, Via Mazzini, Via Battisti, Via Carducci)* reiht sich ein Laden an den anderen.

ÜBERNACHTEN

Grand Hotel Duchi d'Aosta

Das elegante Hotel mit Pool und dem exzellenten Restaurant *Harry's Grill* entstand aus der Locanda, in der 1768 Johann Joachim Winckelmann, der Begründer der modernen Archäologie, ermordet wurde. Eine Suite ist nach ihm benannt. *50 Zi., Piazza dell'Unità d'Italia 2, Tel. 04 07 60 00 11, Fax 04 07 36 60 92, www.grandhotelduchidaosta.com,* €€€

Ostello per la Gioventù Tergeste

Herrlich direkt am Meer unweit des Castello di Miramare gelegen. *74 Betten (4- bis 8-Bett-Zi.), Viale Miramare 331, Tel./Fax 040 22 41 02, ostellotrieste@hotmail.com,* €

Al Viale

Ein neues, sehr ordentliches Hotel für den Kurzbesuch. *18 Zi., Via Nordio 5, Tel. 04 03 48 08 38, Fax 04 03 48 27 08, www.hotelalviale.it,* €€

AM ABEND

Abends ist in Triest nicht besonders viel los. Das ganze Jahr über stehen Konzerte und Theater auf dem Programm, auch im Schloss Miramare. Im Juli und August werden Operetten aufgeführt. Junge Leute zieht es an den Sommerabenden an den 🏃 *Strand von Barcola* mit seinen Eispavillons.

AUSKUNFT

Piazza dell'Unità d'Italia 4 b, Tel. 04 06 79 61, Fax 04 04 37 83 80, www.triestetourism.it

ZIELE IN DER UMGEBUNG

Duino [115 E4]

⭐ Das Fischerdorf 20 km nordwestlich mit dem winzigen Hafen ist der malerischste Ort der Triestiner Küste. Der Karst reicht dicht ans Wasser; kaum, dass Platz bleibt für ein paar Villen. Bekannt wurde Duino vor allem durch die »Duineser Elegien« von Rainer Maria Rilke, der sie hier – als Gast der Fürstin von Thurn und Taxis – zu schreiben begann. Deren *Burg* auf steilem Fels über der Adria kann man besichtigen, ebenso den Park *(März–Okt. Mi–Mo 9.30–17.30, Nov.–Feb. Sa/So 9.30–16 Uhr).* Zu Füßen des Duino-Felsens an der winzigen Fischerbucht von Aurisina liegt auf dem Strand das kleine, weiße Hotel *Alla Dama Bianca (Via Duino Porto 61 c, Tel. 040 20 81 37, Fax 040 20 82 58, www.alladamabianca.com, €–€€)* mit sieben Zimmern und einem hoch gelobten Fischrestaurant *(Mi geschl., €€).*

Von Duino führt ein *Klippenspaziergang – Passeggiata Rilke* genannt – mit phantastischen Ausblicken über die Küste hinunter in die Bucht mit der kleinen Ortschaft *Sistiana,* wegen des hübschen Yachthafens bei Seglern beliebt. Feinschmecker zieht es in Sistiana in das elegante Lokal *Gaudemus (So/ Mo geschl., Tel. 040 29 92 55, www. gaudemus.com, €€€)* mit einfallsreicher Küche und elf gemütlichen Hotelzimmern *(€).* An heißen Sommerwochenenden kommen die jungen Leute von Triest hierher in die 🏃 Stranddiskothek *Cantera Café*.

Besonders romantisch: die *Mündung des Timavo* (zehn Autominuten Richtung Venedig), wo das Flüsschen nach unterirdischem Lauf von etwa 40 km in drei Quellen aus dem Karst sprudelt. An Sommerabenden finden in der kleinen Kirche *San Giovanni al Timavo* Konzerte statt.

Grotta Gigante [115 E5]

⭐ Den *carso,* den Karst oberhalb von Triest, kennzeichnen spektakuläre geologische Phänomene: In das Kalkgestein haben Wasserläufe unterirdische Flussbetten, Höhlen, scharfkantige Schluchten hineingefressen. 1840 stieß man zwischen Triest und Miramare auf eine riesige Tropfsteinhöhle *(Führungen Okt. bis März tgl. 10, 11, 12, 14, 15, 16 Uhr, April–Sept. 10–18 Uhr alle 30 Min. Einlass).* In ihren Ausmaßen von 107 m Höhe, 65 m Breite und 130 m Länge fände sogar der Petersdom Platz. Nehmen Sie von Triest (Piazza Oberdan) die 🔻 Zahnradbahn nach Villa Opicina, eine schöne Fahrt den Karst hinauf. Auf dem Weg erhebt sich der 348 m hohe Obelisk von Opicina. Oben in Villa Opicina angelangt, verbinden Busse mit der Grotte.

Miramare [115 E5]

⭐ Ein Hauch von Melancholie und Kitsch liegt über dem weißen Schloss am Meer 7 km nördlich bei Grignano, das Erzherzog Maximilian von Österreich 1860 erbauen ließ. Das *Schloss* und vor allem der schöne *Park* sind ein beliebtes Ausflugsziel *(tgl. 9–19 Uhr, Park bis Sonnenuntergang).* Im Gewächshaus *Giardino delle Farfalle* bezaubern Hunderte von Schmetterlingen

Ein weißes Schloss am Meer: Castello di Miramare bei Triest

und Kolibris. Der Meeresgrund unterhalb der Schlossklippen steht unter Naturschutz – ein Taucherparadies. *WWF-Informationszentrum (auch zu Tauchausflügen) im Schlosspark, Tel. 040 22 41 47*

Muggia [115 E5]

Dem Städtchen (13 000 Ew.) wenige Kilometer südlich an der slowenischen Grenze merkt man den Einfluss Venedigs an: Das alte *Rathaus* ziert der Markuslöwe, das venezianische Wappen. Festungsmauern stehen noch, der *Dom* beeindruckt mit gotischer Fassade, und in der oberen Altstadt lohnt ein Blick in die Kirche *Santa Maria Assunta* mit mittelalterlichen Fresken. Fischer- und Yachthafen öffnen den Ort zum Meer. Zum Yachthafen gehört eine neue Ferienapartmentanlage *(www.portosanrocco.it).*

Hier wurde der Lido erfunden

Entdecken Sie die Villen am Brenta, reisen Sie auf dem Wasser von Lagunen und Podelta!

Die Region Venetien (italienisch: Veneto) kann den außergewöhnlichsten Küstenstreifen, mit dem Italien ans Meer reicht, für sich verbuchen: Ein Blick auf die Karte macht deutlich, wie sich hier das Festland Stück für Stück auflöst in Hunderte von Landfetzen, Inseln aus Sand- und Schlammablagerungen. Auf 550 km^2 erstreckt sich die Lagune, in der sich das Süßwasser zahlreicher Flüsse mit dem Salzwasser des Meeres mischt. Mittendrin liegt auf über 100 Inselchen die einmalige Stadt Venedig. Lang gezogene, schmale Landstreifen trennen die Lagune vom Meer. Heute heißen sie Lido (=Strand) – Lido di Venezia, Lido di Jesolo – und sind dicht besiedelt mit Hotels, Ferienapartments und Campingplätzen an wunderbar feinem Sand, auf dem alljährlich Millionen Menschen in der Sonne baden. Im Süden der Lagune geht es weiter mit der Mündungslandschaft der Etsch und des Pos, eine gleichfalls reizvolle Mischwelt aus Land und Wasser. Ausführliche Informationen zum Hinterland finden Sie im MARCO POLO Band »Venetien/Friaul«.

Villa Pisani am Brentakanal: am schönsten per Schiffsausflug

BIBIONE

[114 C5] »Tuttaspiaggia«, Strand pur, so lautet der Slogan des Adriabads Bibione. Bevor in den Sechzigerjahren des 20. Jhs. die Erschließung zum Badeort mit vielen Hotels und Ferienpensionen begann, hatte es hier nur Lagunenseen, Pinienwälder, Tamariskensträucher und Sanddünen gegeben. Westlich der Mündung des Tagliamento, des Grenzflusses zum Friaul, erstreckt sich das effizient organisierte, familienfreundliche Bibione auf einer sandigen Landzunge, die am Verbindungskanal zwischen Meer und kleinen Lagunenseen ausläuft. Hier liegt der ruhige Ortsteil Pineda eingebettet in die Überbleibsel der einstigen Pinienwälder. Am Lagunenkanal befindet sich der Yachthafen Porto Baseleghe; auch sonst ist für alle Wassersportarten gesorgt. Zu Land kann man reiten, radeln oder sich in den modernen Thermalanlagen mit heißer Quelle entspannen.

ESSEN & TRINKEN

Ai Casoni
Unter Dächern aus Schilfrohr sitzt man hier bei gepflegter Fischküche

Strand total heißt die Devise in Bibione

und guten Weinen am Zugang zur Lagune nahe dem Sporthafen von Bibione im Ortsteil Pineda. *Mo geschl., Via Laguna 14, Tel. 04 31 43 85 56, €€*

ÜBERNACHTEN

Camping Il Tridente
Die Stellplätze und Bungalows dieses Platzes liegen am Meer geschützt im Schatten eines duftenden Pinienhains im Ortsteil Pineda. *Via Baseleghe 12, Tel. 04 31 43 96 00, Fax 04 31 43 83 70, www.iltriden te.com, €€*

Hotel Cristina
Besonders angenehm geführtes Ferienhotel der einfachen Kategorie; zentral und strandnah gelegen, exzellentes Preis-Leistungs-Verhältnis. *33 Zi., Corso Europa 34, Tel. 04 31 43 73 08, Fax 04 31 43 73 09, www.hotelcristinabibione.it, €*

Hotel San Marco
Im Ortsteil Pineda in einen duftenden Pinienhain eingebettetes Komforthotel. *57 Zi., Via delle Ortensie 2, Tel. 043 14 33 01, Fax 04 31 43 83 81, www.sanmarco. org, €€*

AUSKUNFT

Viale Aurora 111, Tel. 04 31 44 22 31, Fax 04 31 43 99 95, www.bibio neturismo.it

ZIEL IN DER UMGEBUNG

Portogruaro   [114 B4]
Von Bibione wie von Caorle jeweils etwa 30 km entfernt, sollte Portogruaro (24 000 Ew.) im Landesinnern zu Ihren Ausflugszielen gehören. Die vom Fluss Lemene durchwundene Altstadt bezaubert mit Laubengängen und schönen Palazzi in Spätgotik und venezianischer Renaissance. In eine besonders malerische Ecke gelangen Sie, wenn Sie rechts vom Rathaus, der zinnengekrönten *Loggia Comunale* aus dem 16. Jh., durch die Gasse zum alten Fischmarkt, dem *Loggiato della Pescheria*, und weiter zur Brücke *Ponte di Sant'Andrea* gehen. Im eindrucksvollen *Museo Nazionale Concordiese (tgl. 9–20 Uhr, Via del Seminario 22)* finden sich die kost-

baren Fundstücke aus dem benachbarten, viel älteren *Concordia Sagittaria* noch aus römischer Zeit; im heutigen Concordia entdeckt man neben römischen Ausgrabungen die Reste frühchristlicher Kirchen und eine romanische Taufkirche aus dem 11. Jh.

CAORLE

[114 B5] Caorle (12 000 Ew.) hat ein Leben auch außerhalb der Badesaison. Das liegt an seinem Altstadtkern direkt am Meer, der von einer ganzjährig aktiven Fischereiflotte lebt. Lebhaft und umtriebig geht es vor allem am Nachmittag zu, wenn die *pescherecci* mit ihrem Fang wieder in den Hafen der Altstadt einlaufen. Die liegt genau in der Mitte zwischen dem Ost- und dem Weststrand, beide zusammen immerhin fast 15 km lang. Während am Oststrand Hotels überwiegen, verteilen sich längs der westlichen Küste aus Sand und Pinien mehrere Ansiedlungen jüngeren Datums wie Porto Santa Margherita mit einem großen Yachthafen oder Lido Altanea und Duna Verde, beide mit vielen neuen Apartmentanlagen und Feriendörfern.

SEHENSWERTES

Historisches Zentrum
Ähnlich wie Grado und Venedig entstand auch dieses Städtchen als Zufluchtsort der Festlandbewohner im 5. Jh. in einer einstigen Lagunenlandschaft. Im Altstadtkern durchläuft man Gassen und kleine Plätze, *calli* und *campielli,* mit bunten Häuschen und den typischen Kaminen auf den Fassaden. Wahrzeichen Caorles ist der wie ein Bleistift spitz zulaufende runde *Glockenturm* in byzantinisch-romanischem Stil, der zur Kathedrale *Santo Stefano* aus dem 11. Jh. gehört, deren Innenfresken aus dem 14.–17. Jh. sind. Am äußersten Zipfel der Strandbucht der Altstadt erhebt sich die Wallfahrtskirche *Madonna dell'Angelo* (18. Jh.) mit einem hochverehrten hölzernen Marienbildnis.

MARCO POLO Highlights »Venetien«

⭐ **Lagune**
Mit Hemingway (»Über den Fluss und in die Wälder«) in Caorle eine fremde Welt entdecken (Seite 44)

⭐ **Asolo**
Musik in malerischem Ambiente. Die Stadt der Duse und der Caterina Cornaro (Seite 51)

⭐ **Venedig**
Ein Kurzbesuch in der Inselstadt ist Pflicht (Seite 52)

⭐ **Chioggia**
Die kleine Schwester von Venedig (Seite 45)

⭐ **Delta del Po**
Eine Wasserlandschaft für Hausbootschiffer und Radler (Seite 47)

Lagune

★ Im Nordosten Caorles gelangt man in die Schilf- und Wasserlandschaft – bzw. in das, was von den einstigen Lagunen zwischen den Mündungen von Tagliamento und Livenza nach den Trockenlegungen in der ersten Hälfte des 20. Jhs. übrig geblieben ist. Die Landschaft von leicht melancholischem Reiz – Ernest Hemingway beschrieb sie in »Über den Fluss und in die Wälder« – steht heute unter Naturschutz. Das unter dem Motto »Valle Vecchia–Natura Nuova« geschützte Gebiet (Abzweig von der Straße, die weiter nach San Michele al Tagliamento führt, vorbei an den *valli di pesca,* den Fischzuchtteichen, über Brussa gen Meer, im Sommer gebührenpflichtiger Parkplatz) schließt auch 4 km Dünen- und Pinienküste ein, im Sommer eine schöne, naturbelassene Alternative zur ferienindustrialisierten Strandküste. Fragen Sie bei den Fremdenverkehrsämtern in Bibione und Caorle nach organisierten Bootstouren in die Lagunenlandschaft.

ESSEN & TRINKEN

Duilio

Im Hotel Diplomatic: traditionelle, frische Fischgerichte, zu denen die Leute von weit her kommen (auch mit dem Boot). *Sept.–Mai Mo geschl., Strada Nuova 19, Tel. 042 18 10 87, www.diplomatic.it,* €€

Da Nappa

Adriafisch in allen Variationen und die Spezialität *spaghetti ai xotoi* (kleine Tintenfische) isst man hier im *centro storico. Mi geschl., Piazza Pio X, Tel. 042 18 18 54,* €€

ÜBERNACHTEN

Duna Rossa

Im Strandort Duna Verde eine neue Apartmentanlage aus netten kleinen Reihenhäusern mit Spielplät-

Kleine Plätze und ein historischer Ortskern machen den Charme von Caorle aus

zen, Pools, Fahrrädern; ideal für Familien, 500 m zum Strand. *58 Apartments, Piazzale Rialto 1, Tel. 04 21 29 91 03, Fax 04 21 29 91 32, www.dunarossa.com, €*

International Beach Hotel
Komforthotel am Strand nahe der Altstadt mit elegantem Touch und Pool. *62 Zi., Viale Santa Margherita 57, Tel. 042 18 11 12, Fax 04 21 21 10 05, www.international beachhotel.it, €€*

Hotel Sara
Freundliches Familienhotel nahe der Altstadt, direkt am Strand und mit besonders guter Küche. *46 Zi., Piazza Veneto 6, Tel. 042 18 11 23, Fax 04 21 21 03 78, www.sarahotel. it, € – €€*

AUSKUNFT

Via Strada Nuova 80 b, Tel. 042 18 18 60, Fax 042 18 42 51, www.bibionecaorle.it, www.caorle turismo.it

ZIEL IN DER UMGEBUNG
Ca' Corniani   [114 B5]
3 km im Hinterland liegt diese schöne alte Dorfanlage aus dem 18. Jh. Ein gleichnamiges *Weingut (Tel. 042 18 42 23)* gehört dazu, in dem man die DOC-Rot- und Weißweine des hiesigen Anbaugebietes Lison-Pramaggiore bekommt.

CHIOGGIA

[117 D–E5] ★ In der südlichsten Ecke der Lagune Venedigs, auch auf Inseln errichtet, liegt die Stadt (54 000 Ew.) von venezianischer Architektur, doch sehr viel einfacher und daher die kleine Schwester Venedigs genannt. Dabei ist Chioggia viel älter und hatte einst eine riesige Handels- und Kriegsflotte. Heute ist es ihre Fischereiflotte, die die obere Adria beherrscht und Norditalien täglich mit frischem Fisch versorgt, aus freiem Fang wie auch aus ihren zahlreichen Fisch- und Muschelzuchtanlagen. *Sottomarina Lido*, die Landzunge parallel zur Stadt, mit der die Lagune abschließt, ist dicht besiedelt mit Hotels, Ferienwohnungen und Campingplätzen an einem 8 km langen Meeresstrand und mit dem Stadtkern Chioggias über eine 800 m lange Brücke verbunden.

SEHENSWERTES
Altstadt
Der Spaziergang durch die Altstadt führt über Kanalbrückchen, vorbei an venezianischen Palazzi und alten Kirchen wie *San Domenico* (mit dem Gemälde San Paolo des berühmten Malers Vittore Carpaccio) und der *Kathedrale* (14./17. Jh.), bis hin zur ◁▷ *Piazzetta Vigo* am Altstadtrand überm Wasser mit einem phantastischen Weitblick auf die Lagune.

Fischmarkt
Jeden Vormittag von Di bis So wird in der Altstadt auf dem Corso del Popolo ein sehr gut bestückter Fischmarkt abgehalten – frischer gehts wirklich nicht.

Insider Tipp

ESSEN & TRINKEN
Da Nane
◁▷ Von der Terrasse dieser beliebten Fischtrattoria auf Pellestrina,

Frisch vom Kutter gelangen die Muscheln auf den Fischmarkt in Chioggia

der ersten Laguneninsel direkt vor Chioggia (häufiger Fährverkehr von der Piazzetta Vigo), hat man einen tollen Blick auf Venedig. *Mo geschl., San Pietro in Volta 282, Tel. 04 15 27 91 00, €€*

Locanda Val d'Ostreghe
In der lebhaften Altstadt von Chioggia eine bei den Einheimischen beliebte Adresse für schmackhafte Fischküche. Im Haus auch elf einfache Zimmer (*€*). *Mi geschl., Calle Ponte Sant'Andrea 763, Tel. 041 40 05 27, €–€€*

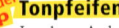 **Tonpfeifen**
In den Achtzigerjahren des 20. Jhs. nahm Giorgio Boscolo die Tradition der Herstellung von Pfeifen mit Tonkopf *(pipe Chioggiotte)* wieder auf. Sein Laden befindet sich im stattlichen Palazzo Granaio (13. Jh.) am *Corso del Popolo 1352.*

ÜBERNACHTEN

Hotel Grande Italia
⚡ Schönes, alteingesessenes Komforthotel in der Altstadt; stilvolles Restaurant *Alle Baruffe Chiozzotte (Mi geschl., €€)*, Wellnessbereich und toller Lagunenblick. *65 Zi., Piazzetta Vigo 1, Tel. 041 40 05 15, Fax 041 40 01 85, www.hotelgran deitalia.com, €€–€€€*

FREIZEIT & SPORT

Infos zu organisierten Fischfangausflügen, *pescaturismo* genannt, sowie zur Anmietung von Hausbooten bei der Touristeninformation in Sottomarina.

AUSKUNFT

Lungomare Adriatico 101, Sottomarina, Tel. 041 40 10 68, Fax 04 15 54 08 55, www.sottomari na.net

ZIELE IN DER UMGEBUNG

Adria   [117 D6]

Das antike Hatria gab der Adria den Namen – so bedeutend war die damals am Meer gelegene Stadt (heute 22 000 Ew.). Die alte Geschichte erzählt das reich bestückte *Museo Archeologico (tgl. 9–20 Uhr; Via Baldini 59).*

Delta del Po   [117 D–E 5–6]

★ Südlich von Chioggia münden zunächst der Brentakanal und die Etsch ins Meer, bis dann die weite Mündungslandschaft des Pos beginnt, der sich in fünf Flussarme aufspaltet. Seit Jahrhunderten versuchen die Menschen, in diese immer wieder mutierende Landschaft einzugreifen, sie zu regulieren, sie ur- und nutzbar zu machen. Hier und dort kann man noch alte Pumpwerke aus dem 17. und 18. Jh. ausmachen. Die großen Trockenlegungen in der ersten Hälfte des 20. Jhs. haben das Bild nachhaltig verändert: Aus Sümpfen, Brackteichen und mäandernden Wasserläufen wurden Felder, Kanäle und Deiche. Doch je weiter man bei Porto Viro und Porto Tolle ins Delta Richtung Meer vordringt, umso näher kommt man dem Reiz dieser Mischwelt, heute unter Naturschutz. Auf Deichsträßchen passiert man weite Teiche, an deren Ufern Kormorane und schlohweiße Reiher auf Beute aus den Fischzuchtanlagen lauern.

Rosolina Mare, der Küstenableger des Städtchens Rosolina auf einer sandigen Landzunge im Norden des Deltas, wurde Mitte des 20. Jhs. mit Ferienhotels erschlossen. Von hier gelangt man bei Porto Caleri in den *Giardino Botanico Litora-* *neo (April–Sept. Di, Do, So 10–13 und 16–19 Uhr),* einen botanischen Garten voller Dünenvegetation; auf Stegen kann man ihn durchwandern. Informationen zur Erkundung des Deltas und vielen weiteren Aktivitäten: *Viale dei Pini 4, Tel. 042 66 80 12, Fax 04 26 32 60 07, www.deltadelpo.net*

Eine jüngere Erschließung im nördlichen Delta ist die gut 5 km² große Sandinsel *Albarella,* aus die die Investoren ein autofreies Ferienreservat aus bunten Häuschen, Hotels, Sport- und Spielplätzen gemacht haben: *Tel. 04 26 33 21, Fax 04 26 33 00 09, www.isoladialba rella.it*

Im südlichen Teil des Deltas fasziniert der Lagunenteich *Sacca degli Scardovari.* Mieten Sie sich in Porto Tolle (Ortsteil Ca' Tiepolo) Fahrräder oder ein Kanu bei *Vittorio Cacciatori (Via Bologna 1/2, Tel. 042 68 25 01, Handy 33 88 15 55 81),* oder nehmen Sie an einer Bootsfahrt teil, die in den landschaftlich schönsten Poarm, den Po di Maistra, hineinführt *(Marino Cacciatori, Via Matteotti, Tel. 04 26 38 03 14).* Auskunft: *Ca' Tiepolo, Via Cicernacchio 2, Tel. 042 68 11 50, www.prolocoporto tolle.org*

Man sollte sich Zeit lassen für diese Landschaft, am besten mit ein paar Tagen in einem *agriturismo,* etwa bei Porto Tolle bei stilvolleinfacher Gastlichkeit auf dem Hof Ca' Cornera *(3 Zi., Tel./Fax 04 26 32 54 57, www.tiscali.it/ ca_cornera, €)* mit Radverleih, Kunstausstellungen und Kutschfahrten oder im nahen Ca' Mello auf dem Hof *Corte Papadopoli (6 Zi., Tel./Fax 042 68 00 90, www.cortepapadopoli.it, €).*

Den riesigen Gartenplatz Prato della Valle in Padua säumen 78 Statuen

Padova (Padua) [116 C4]

Die altehrwürdige Universitätsstadt (210 000 Ew.) liegt rund 40 km nordwestlich von Chioggia. Vielen Venetoreisenden ist sie besonders sympathisch, das liegt wohl an ihrer Altstadt in allen Sand-, Gelb- und Ockertönen, an den Laubengängen, die die Gassen flankieren und unter denen es sich gemütlich flaniert. Zwei gewaltige Gebäude ziehen in Bann: zum einen der gotische *Palazzo della Ragione,* heute Rathaus, im 13. Jh. als Gerichtssitz der Bürgerschaft entstanden. Ihn umgeben zwei Plätze mit viel morgendlichem Markttreiben. Der zweite Magnet ist die *Basilica di Sant'Antonio,* orientalisch überdacht von acht Kuppeln (13./16. Jh.), in der alljährlich Millionen von Pilgern den heiligen Antonius in seinem prachtvollen Grabmal verehren. Auf ihrem Vorplatz sehen Sie das für viele schönste Reiterstandbild der Renaissance, den Söldnerführer Erasmus von Narni zu Pferd, *Gattamelata* genannt, vom Meister Donatello 1453 geschaffen.

Ein weiterer Kunsthöhepunkt ist die *Cappella degli Scrovegni,* deren Wände mit wunderbar erhaltenen Fresken von Giotto, dem bedeutendsten spätmittelalterlichen Maler Italiens, bedeckt sind (1303 bis 1305). Etwas mühsam ist jedoch ihre Besichtigung, denn man muss sich vorher anmelden *(Tel. 04 92 01 00 20, www.cappelladegliscrovegni.it).*

Zum Abschluss nicht versäumen: einen *caffellatte,* einen Snack oder den Aperitif im historischen (seit 1831) und zugleich supermodernen *Caffè Pedrocchi (Mo geschl., Via VIII Febbraio 15)* im Zentrum. Hier finden Sie auch das Touristenbüro: *Vicolo Cappellato, Tel. 04 98 76 79 27, Fax 04 98 36 33 16, www.turismopadova.it*

Riviera del Brenta

[116–117 C–D 3–4]

Der Brentakanal mündet südlich der Lagune von Venedig bei Chioggia ins Meer. Der Ausflug an seinen Ufern entlang 30 km stromaufwärts bis nach Padua – per Rad, per Bus, per Auto oder mit dem Motorschiff Burchiello – lässt etwas von der vergangenen, luxuriös-eleganten Sommerfrische der reichen Patrizierfamilien von Venedig des 16. bis 18. Jhs. erahnen. Wunderschöne Villen stehen in Parkanlagen am von Trauerweiden gesäumten Ufer, einige besonders schöne, mit Fresken ausgemalte kann man besichtigen, z. B. die *Villa Malcontenta* und die *Villa Widmann-Foscari* bei Mira oder die *Villa Pisani* bei Stra. Schiffsausflüge zwischen Padua und Venedig mit Villenbesuch und Mittagessen organisiert *Sita (Via Orlandini 3, Tel. 04 98 20 69 10, Fax 04 98 20 69 23, www.ilburchiello.it).*

LIDO DI JESOLO

[117 F3] Hier läuft die Ferienindustrie auf Hochtouren, der Lido von Jesolo – Küstenableger der Kleinstadt Jesolo – wetteifert mit Lignano-Sabbiadoro und Rimini um die Gunst nicht nur der Familien auf Suche nach stressfreiem Urlaub an seichtem, feinsandigem Strand, sondern setzt genauso auf das Jungvolk, das was erleben will. Allabendlich verwandelt sich das Zentrum in eine 8 km lange Fußgängerpromenade, über der die Lichter Hunderter von Boutiquen, Eisdielen, Pizzerien, Musikkneipen, Spielhallen und Cafés glitzern. Ihre gesamte Länge zu durchmessen, das schaffen nur die Inlineskater.

Immer mehr schicke Lokale, im Sommer Konzerte mit hochkarätigen Popgrößen und landesweit renommierte DJs ziehen auch das Trendvolk hierher. Wer Lido di Jesolo über längere Zeit kennt, stellt fest, dass es zudem von Jahr zu Jahr gepflegter wird: Hotels renovieren, Sport-, Fun- und Fitnesscenter haben ständig Neues zu bieten, Promenaden am Strand entlang werden stilvoll gepflastert, begrünt, und ihre abendliche Beleuchtung lädt zum Bummel ein.

Auf Radwegen erkundet man den Ort, die Küste, das Hinterland, die Broschüre »Jesolo-Bike« vom Fremdenverkehrsamt hilft bei der Tourenplanung. Hinzu kommen strenge Auflagen in Sachen Mülltrennung, Wasserklärung und Aufforstung. Kurz, man tut viel, um vergessen zu machen, dass der Boom der Sommerferienindustrie der letzten Jahrzehnte die Natur dieses Küstenstreifens mit ihren meterhohen Sanddünen ziemlich zubetoniert hat. Auf 15 km erstreckt sich der breite Strand, der in regelmäßigen Abständen von weit ins Meer hinausführenden Stegen unterbrochen wird, eine Maßnahme gegen den Sandschwund.

Wer dicht am Geschehen wohnen möchte, der suche sich etwas im Zentrum, in Lido, wer es ruhiger mag, der zieht gen Westen in die Zona Faro oder gen Osten in den Ortsteil Pineta. Auch die vielen reich ausgestatteten Campingplätze liegen weiter außerhalb im Grünen bzw. in den kleinen Ferienorten mit mehr Naturkontakt in der Nachbarschaft Jesolos: zum Osten hin jenseits der Piavemündung *Eraclea Mare* mit einem schönen freien Strandabschnitt hinter Dünen und

Pinien nahe dem Lagunenbecken Laguna del Morto und zum Westen hin die lange Landzunge *Litorale del Cavallino*, die die Lagune Venedigs begrenzt.

ESSEN & TRINKEN

Alla Darsena
Im Ortsteil Pineta zwischen Piave und Meer isst man im Sommer draußen im Freien und am besten Fisch. *Im Winter Mi-Abend und Do geschl., Via Oriente 166, Tel. 04 21 98 00 81, €€*

Alla Grigliata
Unweit vom Wasserpark Aqualandia gelegen, kann man hier nach all dem Fisch mal wieder in ein gegrilltes Stück Fleisch beißen. *Im Winter Mi geschl., Via Buonarroti 17, Tel. 04 21 37 20 25, €*

Gli Ingordi
🏃 In Lido di Jesolo ein junges, lebhaftes Lokal mit viel Platz zum entspannten Draußensitzen. Erstklassiges Grillfleisch. *Di und mittags geschl., Via Arno 4, Tel. 04 21 97 23 23, €–€€*

Marina Club
🏃 Ein reizvolles Mischlokal mit wunderbarem Garten: Hier isst man oder trinkt nur Wein (gute Auswahl), hört Musik und tanzt. *Mo–Mi geschl., Via Roma destra 120 c, Tel. 04 21 37 06 45, €€–€€€*

Da Omar
In Lido di Jesolo mal was ganz anderes: schickes, modernes Ambiente und kreative Küche. *Mi geschl., Via Dante Alighieri 21, Tel. 042 19 36 85, www.ristorantedaomar.it, €€€*

ÜBERNACHTEN

Hotel Cambridge
Stattliches Haus mit allem Komfort direkt am Strand, elegant renoviert mit großem Pool. *84 Zi., Via Bafile 429/431, Tel. 04 21 97 27 51, Fax 04 21 37 17 22, www.hotelcambridge.com, €€*

Camping Union Lido
Im an Campingplätzen reichen Lidoabschnitt Cavallino einer der besten Plätze Italiens mit Bungalows, Hotel, Apartments; nicht ganz billig. *Mai–Sept., Tel. 04 12 57 51 11, Fax 04 15 37 03 55, www.unionlido.it*

Casa Bianca al Mare
Ein blendend weißes Haus mit Atmosphäre inmitten eines Gartens nah am Strand. Raffinierte Küche im Restaurant. *61 Zi., Piazzetta Casa Bianca 1, Tel. 04 21 37 06 15, Fax 04 21 37 16 59, www.hotelcasabianca.com, €€€*

Hotel Midi
🏃 Im Westen von Lido, ziemlich neue, noch frische Ausstattung; Frühstücksbuffet und Rabatt bei nahen Pizzerien – etwas für junge Leute und Preisbewusste. *30 Zi., Via Padova 88, Tel./Fax 04 21 97 16 67, www.hotelmidi.it, €*

AM ABEND

Jeden Abend ab 20 Uhr wird die Innenstadtachse von Lido für den Autoverkehr gesperrt, und ab Via Bafile beginnt der Bummel für Jung und Alt. Treffpunkt der Jungen ist die 🏃 *Piazza Marconi.* Zahlreiche 🏃 Diskotheken und Musikclubs, z. B. *Matilda (Via Bafile 362)* und *Il*

Muretto (Via Roma 120) oder *Terrazzamare (beim Leuchtturm)* sorgen für ein fetziges Nachtleben. Fast jeden Abend gibt es auf einem der Plätze Livekonzerte bzw. Tanz; einige *bagni* veranstalten Strandpartys, z. B. *Capannina Beach* an der Piazza Mazzini.

AUSKUNFT

Piazza Brescia, Tel. 04 21 37 06 01, Fax 04 21 37 06 08, www.jesolo. it, www.jesolo.com, www.turismo jesoloeraclea.it

ZIELE IN DER UMGEBUNG

Altino [117 E3]

Auf dem Landweg nach Venedig kommt man 25 km westlich nach Altino: eine unscheinbare Ortschaft, doch wer sich für die Vergangenheit interessiert, staunt über die Ausgrabungen und Fundstücke im *Museo Archeologico Nazionale (tgl. 9–20 Uhr; Via Sant'Eliodoro 37)*: Altino war in der römischen Antike eine blühende Hafenstadt.

Asolo [116 C1]

★ Möchten Sie wissen, wo Adel und Künstler einst ländlicher Muße frönten bzw. die Sommerfrische genaßen? Dann unternehmen Sie diesen Ausflug in das reizende Städtchen Asolo (7500 Ew.), rund 100 km nordwestlich in der beschaulichen Hügellandschaft der Voralpen gelegen. Auf dem Weg nach Asolo machen Sie einen Abstecher nach *Fanzolo di Vedelago* (Richtung Castelfranco) zur grandiosen, von Giovanni Battista Zelotti mit Fresken ausgemalten *Villa Emo (April–Okt. tgl. 15–18.30, So auch 10–12.30 Uhr; Nov.–März So 14–18 Uhr)*. 10

km nordöstlich von Asolo liegt bei Maser die berühmte *Villa Barbaro (März–Okt. Di, Sa, So 15–18, Nov. bis Feb. Sa/So 14.30–17 Uhr)* mit Fresken des Meisters Paolo Veronese. Beide Villen, <mark>Höhepunkte der Villenkultur des Veneto,</mark> erbaute Mitte des 16. Jhs. der geniale Architekt Andrea Palladio.

Insider Tipp

Das zauberhaft gelegene Asolo wurde im 14. Jh. die Sommerfrische der Adelsfamilien; beim Bummel offenbart sich der Einfluss Venedigs an den Häusern mit ihren Bogengängen, verzierten Balkonen, den Biforienfenstern, alles von anmutigem Zauber. Auch heute kann man hier für viel Geld wunderbar logieren: im Traumhotel *Villa Cipriani (31 Zi., Via Canova 298, Tel. 04 23 52 34 11, Fax 04 23 95 20 95, www.starwoodhotels.com/shera ton, €€€)*.

Burano, Murano, Torcello [117 E3]

Das sind die drei bekanntesten bewohnten Inseln in der Lagune, die man von Jesolo mit dem Fährboot von Punta Sabbioni und von Treporti aus erreicht. Auf *Burano* wohnen die Fischer in gelben, blauen, grünen, roten Häuschen, ein beliebtes Fotomotiv. Hier hat auch die Tradition der Spitzenstickerei überlebt *(Museo del Merletto, Mi–Mo 10–16 Uhr)*. *Murano,* die Insel der Glasbläser, ist voller Werkstätten und besitzt das *Museo dell'Arte Vetraria, Do–Di 10–16, im Sommer bis 17 Uhr)* im Palazzo Giustiniani. Auf <mark>*Torcello*</mark> – heute verschlafen und verträumt – sollen im Frühmittelalter über 20 000 Menschen gelebt haben. Noch vor Venedig befand sich hier ein Bischofssitz, wie die eindrucksvolle, im 7. Jh. geweihte Kathedrale *Santa Maria As-*

Insider Tipp

sunta bezeugt. Dazu kommen Garteninseln, Klosterinseln, eine Friedhofsinsel. Naturkundliche Ausflüge und **Insider Tipp** Reisen speziell für Familien in die Lagune und nach Venedig (auch auf Deutsch) bietet *www.natura-venezia.it (Info bei Limosa, Tel. 041 93 20 03, Fax 04 15 38 47 43, www.limosa.it).*

Lido di Venezia [117 E4]

Der Landstreifen trennt die Lagune vom offenen Meer. Ende des 19. Jhs. entstanden die Luxushotels, deren Gäste auch heute ein wenig dieser einst exklusiven Sommerfrische nachhängen und bis zu 80 Euro am Tag für die Strandkabine hinlegen. Strand und Meer sind in Jesolo attraktiver, doch das Sonnenbaden mit der wunderbaren Stadt im Rücken hat auch seinen Reiz. Ende August, Anfang September kommt mit dem Filmfestival ein wenig internationaler Glamour an den Lido.

Treviso [117 D2]

Nur rund 40 km sind es bis Treviso (83 000 Ew.) an der Flusslandschaft des Sile. Die moderne Zersiedelung bleibt außen vor: Im Schutz des Festungsrings, den die Venezianer im 16. Jh. um das Bischofs- und Landwirtschaftsstädtchen gezogen hatten, hat sich die Altstadt ihren Charme bewahren können. Mittelalterlich verwinkelte Gassen wechseln sich ab mit eleganten Häuserfassaden im Renaissancestil, das alles malerisch aufgelockert von Wasserläufen. Treffpunkt ist die *Piazza dei Signori* mit Palazzi, Loggia und Cafés, sehenswert sind die Kirchen *San Nicolò, San Francesco, Santa Caterina,* alle mit Fresken des Meisters Tommaso da Modena (14. Jh.) geschmückt, sowie der *Dom* mit ei-

nem Altarbild von Tizian.

Auf dem Weg nach Treviso kann man Halt machen in Roncade am *Castello di Roncade,* einer schönen Villenanlage, die sich der venezianische Doge Giustinian um 1600 auf den Mauern einer alten Burg errichten ließ. Heute ein renommiertes Weingut, kann man hier in vier großen, altmodischen Wohnungen übernachten *(Via Roma, Tel. 04 22 70 87 36, Fax 04 22 84 09 64, www.castellodironcade.com).*

Venedig (Venezia) [117 E3–4]

Karte in der hinteren Umschlagklappe

★ Die Lagunenstadt (70 000 Ew.) ist ein Muss für alle, die hier an der Adriaküste Ferien machen, zudem von Jesolo aus bequem mit Bus und Fährschiff ab Punta Sabbioni zu erreichen. Das Fährboot entlässt Sie nach ca. 40 Minuten direkt an der *Piazza San Marco,* dem Salon der Stadt. Hier umschwärmen Sie Touristenmassen und aufdringliche Tauben, aber Sie haben zugleich ein paar der Höhepunkte Venedigs vor Augen: den Dogenpalast, die Markuskirche, die herrliche Piazza mit den schönsten und teuersten Cafés, den ◀◀ *Campanile,* den man besteigen kann.

Gewaltig und dennoch voller Leichtigkeit präsentiert sich der *Palazzo Ducale (April–Okt. tgl. 9–19, Nov.–März 9–17 Uhr),* der Dogenpalast: In rosafarbenem Marmor aus Verona und weißem Kalkstein aus Istrien erbaut, bezaubert der fein ziselierte gotische Fassadenschmuck. In diesem Palast und in seinem Vorgängerbau residierten über 1000 Jahre lang die Dogen, die Stadtherren Venedigs. Der Markusdom *San Marco (Mo–Sa 9.30*

Napoleon nannte den Markusplatz den »schönsten Salon der Welt«

bis 17, So 13–17 Uhr) spiegelt in seiner kostbaren Ausstattung, seinem Goldschmuck, den Mosaiken und Kuppeln die vielfältigen Beziehungen zum Morgenland wider.

Um die Rialtobrücke über den Canal Grande zu finden, brauchen Sie nur dem Menschenstrom zu folgen. Biegen Sie in die Seitengassen ein, da wird es gleich ruhiger und nicht minder schön. Erkunden Sie das *sestiere* – so heißen die Stadtviertel in Venedig – Castello mit den alten Werftbauten des Arsenale oder Cannaregio mit dem Judenghetto.

Eine bedeutende soziale Rolle kam in Venedig einst den karitativen, aber reichen Laienbruderschaften zu, *scuola* genannt. Ein Höhepunkt ist Tintorettos phantastische Ausmalung (um 1580) der **Scuola Grande di San Rocco** *(April–Okt. tgl. 9–17.30, Nov.–März 10–16 Uhr; San Polo, Campo San Rocco).* Eine grandiose Gemäldesammlung der großen alten Meister des Vene-

to beherbergen die *Gallerie dell'Accademia (Mo 8.15–14, Di–So 8.15 bis 19 Uhr; Dorsoduro, Campo della Carità).*

Zur Einkehr sollten Sie sich möglichst weit von den überteuerten Lokalen in Markusplatznähe wegbewegen. Typisch für Venedig ist die Osteria, auch *bacaro* genannt, in der man Wein trinken und Kleinigkeiten oder auch richtige Menüs essen kann, z. B. nahe der Rialtobrücke *Bancogiro (So-Abend und Mo geschl., San Polo, Campo San Giacometto 122, Tel. 04 15 23 20 61, €).* Auskunft: *am Bahnhof und an der Piazza San Marco/Calle Ascensione, Tel. 04 15 29 87 11, Fax 04 15 23 03 99, www.turismovenezia.it.* Erkundigen Sie sich nach günstigeren Sammeltickts für Museen und für die Benutzung der *vaporetti.*

Ausführliche Informationen finden Sie im Marco Polo Reiseführer »Venedig«.

Europas Kapitale des Vergnügens

Die Küste der Romagna, die »Adriapolis«, ist ein Riesenspielplatz für alle

Die Riviera Romagnola von Comacchio bis Cattolica – 130 km lang, mit feinem, breitem Sandstrand und fast 1500 Badeanstalten – steht beispielhaft für die Entwicklung des Badetourismus in Europa. Am 20. Juli 1843 öffnet die erste Badeanstalt am Strand von Rimini, um die Wende zum 20. Jh. wird die Küste auch im Ausland bekannt. Der Zweite Weltkrieg hinterlässt viele Trümmer, doch mit den Fünfzigerjahren beginnt boomartig der Bau von Pensionen, Hotels, Ferienwohnungen. Die romagnolische Adria wird zum Badestrand der Familien Italiens und Mitteleuropas, allen voran der Deutschen am »Teutonengrill«. In den Achtzigerjahren mutiert die Küste mit phantastischen Diskotheken zur Vergnügungsmeile der europäischen Jugendlichen – Spaßbäder, Eventparks und hochmoderne Sportanlagen entstehen, Naturschutzgebiete wie die Feuchtlandschaften um Comacchio und im Podelta werden ausgewiesen. Zudem setzt man auf die Entdeckung des Hinterlands,

MARCO POLO Tipp für den Besuch von Ferrara: Leihen Sie sich ein Rad, und gleiten Sie durch die verkehrsberuhigten Altstadtgassen

Schirm-Herrschaft: Strand bei Rimini

der Hügel des Apennins mit Burgdörfern, Weingütern und Wandertouren. Ausführliche Informationen zum Hinterland finden Sie im MARCO POLO Reiseführer »Emilia-Romagna«.

CATTOLICA

[121 D1] Dieser Klassiker unter den Badeorten der Costa Romagnola an der Grenze zu den Marken ist heute wegen seiner modernen Infrastruktur, seines weit gehend autofreien, flanierfreundlichen Kerns und seiner vielen guten Hotels mit hohem Standard gerade bei ausländischen Feriengästen beliebt. Die Apenninhügel reichen in Cattolica (15 000 Ew.) bis ans Meer und geben dem gepflegten Strand eine buchtartige Kulisse.

Cattolica, eines der ersten großen Adriabäder: nichts für Einsamkeitsfanatiker

MUSEUM

Insider Tipp

Acquario Parco Le Navi

Eine spannende Reise in die Innenwelt des Meeres direkt am Strand in den futuristischen Bauten eines Kinderheims aus den Dreißigerjahren. *April–Mitte Juni und 2. Sept.-Hälfte tgl. 9.30–17.30, Mitte Juni bis Mitte Sept. 10–22.30 Uhr, Okt. bis März So 9.30–17.30 Uhr, Piazzale delle Nazioni 1*

ESSEN & TRINKEN

Locanda Liuzzi

Im Zentrum eine Fischküche voller Experimentierlust für alle, die köstliche Überraschungen mögen. *Mo geschl., Via Fiume 1, Tel. 05 41 83 01 00, www.locandaliuzzi.com, €€ – €€€*

Trattoria dalla Gina

Hausgemachte Pasta, bodenständige Fleisch- und Fischgerichte – ein auch bei Einheimischen beliebter Dauerbrenner. *Mo geschl., Via Giordano Bruno 31, Tel. 05 41 96 29 54, € – €€*

EINKAUFEN

Im Zentrum jede Menge Boutiquen und Sportgeschäfte an den Hauptachsen *Viale Bovio / Viale Mancini* und den Nebenstraßen. Sa-Vormittag *Wochenmarkt* an der Piazza Curtis, im Sommer verschiedene Trödel- und Handwerkermärkte. Ein Fabrikladentipp: Max-Mara-Mode zu günstigen Preisen finden Sie bei *Diffusione Tessile (Via al Mare 180)* in *San Giovanni in Marignano* 4 km landeinwärts.

ÜBERNACHTEN

Eine Website mit ausschließlich von Frauen gemanagten Hotels voll liebevoller Details ist *www.alberghi delledonne.com.*

Carducci 76

Im Getümmel der zentralen Via Carducci wurde aus einer schönen Villa am Meer diese erlesene Oase in Zendesign. Mit raffiniertem Restaurant *Vicolo Santa Lucia. 36 Zi., Via Carducci 76, Tel. 05 41 95 46 77, Fax 05 41 83 15 57, www.carducci 76.it,* €€€

Luxor Beach Hotel

Lichte mediterrane Atmosphäre in einem gepflegten Komforthotel am Strand. *50 Zi., Via Carducci 32, Tel. 05 41 96 11 70, Fax 05 41 96 70 94, www.luxor-beach.de,* €€

Hotel Major

Modernisiert, hell und freundlich, in der Fußgängerzone im Zentrum. *63 Zi., Via Dante 82, Tel. 05 41 96 17 57, Fax 05 41 96 04 72, www.hotelmajor.it,* €

AM ABEND

Allabendliche Licht-und-Wasser-Spiele gibt es am Brunnenplatz *Piazza I. Maggio,* ein stimmungsvoller Treffpunkt. Sehr angesagt sind zurzeit die beiden Beach-lokale *Malindi* und *Bikini Beach Café,* beide am Strand des Aquariums Le Navi.

AUSKUNFT

Via Matteotti 43, Tel. 05 41 96 33 41, Fax 05 41 96 33 44, www.feriencattolica.info

CESENATICO

[119 E5] Die lebhafte, bodenständige Kleinstadt (22 000 Ew.) erstreckt sich längs der Küste mit ihren Ortsteilen Zadina Pineta zum Norden hin und Valverde und Villamarina gen Süden, 7 km misst der Strand. Ein Wahrzeichen ist der *grattacielo,* der 120 m hohe Wolkenkratzer, der sich an der zentralen Piazza Andrea Costa über den Strand erhebt und

MARCO POLO Highlights
»Emilia-Romagna«

★ **Comacchio**
13 Inselchen bilden eine Art Klein-Venedig (Seite 61)

★ **Ravenna**
Eine Schatztruhe der Mosaikkunst (Seite 66)

★ **Ferrara**
Eine der großartigsten Kunststädte Italiens (Seite 62)

★ **Porto Canale**
Der Hafen von Cesenatico mit den bunt besegelten Museumsschiffen ist ein Tipp für Fotofans (Seite 58)

★ **Biblioteca Malatestiana**
Original erhaltene Lesepulte und alte Drucke aus dem 15. Jh. in Cesena (Seite 60)

Am Bau des malerischen Porto Canale von Cesenatico war sogar Leonardo da Vinci beteiligt

geht auf das 14. Jh. zurück und bezeugt die lange Tradition Cesenaticos als Fischerort. Seine heutige Gestalt erhielt er von Leonardo da Vinci um 1500. Über 100 *pescherecci*, die Schiffe der Fischereiflotte, laufen hier jeden Tag aus und ein. Rechts und links des Kanals beleben Bars und Restaurants die alten Fischer- und Händlerhäuser, tagsüber wie abends eine beliebte Flaniermeile. Schließlich der Höhepunkt, das *Museo Galleggiante della Marineria:* Im letzten Kanalteil mitten in der Stadt erheben sich die bunten Segel der historischen Schiffe, ein schwimmendes Museum und einzigartiges Schauspiel. Zur Historie des Hafens gehören auch die *conserve,* große kegelförmige, halb eingegrabene Eiskeller, in denen unter Schnee der Fisch konserviert wurde. Ihre Reste sehen Sie an der nahen *Piazza delle Conserve.*

weithin sichtbar die Aufbruchstimmung der Sechzigerjahre symbolisiert, als der Boom von Hotelbauten seinen Höhepunkt erreichte. Das andere Markenzeichen Cesenaticos ist der historische Porto Canale, der Hafenkanal mit seiner pittoresken Sammlung alter Segler und dem Treiben heutiger Fischer. Zahlreiche freundliche Familienhotels, kleine Parks und von schattigen Bäumen gesäumte Straßen prägen den Ort.

SEHENSWERTES

Porto Canale
★ Die Anlage des Hafenkanals, der ca. 1 km in die Stadt hineinreicht,

ESSEN & TRINKEN

Al Gallo
In der Nähe des Hafenkanals eine bewährte Trattoria mit traditioneller Fischküche, auch von Einheimischen empfohlen. *Mi geschl., Via Baldini 21, Tel. 054 78 10 67, € – €€*

Osteria del Gran Fritto
In dieser Taverne am Hafenkanal, Ableger des renommierten *La Buca* nebenan, bekommen Sie leckere kleine Gerichte und kross frittierten Fisch und Meeresfrüchte. *Mo geschl., Corso Garibaldi 41, Tel. 054 78 24 74, €*

Magnolia
Ein neues Lokal unweit des Hafenkanals, dessen junger Chef Fisch mit Phantasie zubereitet – unbedingt ausprobieren! *Mo, Okt.–Mai*

auch Di, und (außer So) mittags geschl., Via Nino Bixio 3, Tel. 054 78 15 98, www.magnoliaristorante.it, €€ – €€€

EINKAUFEN

Viele Shoppingstraßen finden Sie im Zentrum, allen voran der *Viale Carducci,* dessen Läden auch abends öffnen. Am Freitagmorgen reichhaltiger Wochenmarkt. Ortschaften im nahen Hinterland wie *Gatteo* und *San Mauro Pascoli* sind bei Schnäppchenjägern bekannt wegen der Fabrikläden ihrer vielen Schuh- und Lederwarenhersteller.

ÜBERNACHTEN

Beau Soleil Wonderful
Umgeben von den Pinien von Zadina und direkt am Meer, mit großem Pool und vielen Sportstätten in der Nähe. *86 Zi., Viale Mosca 43, Tel. 054 78 22 09, Fax 054 78 20 69, www.hotelbeausoleil.it,* €€

Colorado
Modern eingerichtet, mit viel Platz. Speisesaal mit Meerblick. *55 Zi., Valverde, Viale Carducci 306, Tel. 054 78 62 42, Fax 05 47 68 01 94, www.hotelcolorado.it,* €€

Donegal
Im Zentrum nahe am Meer, mit Pool und Garten, sehr kinderfreundlich. Einfache, aber gepflegte Zimmer. *30 Zi., Viale Trento 44, Tel. 054 78 28 16, Fax 054 78 22 26, www.donegalhotel.com,* €

STRAND

Ein großzügiger Grüngürtel trennt die Hotelbauten vom Strand mit seinen weit über 100 Badeanstalten, ausgestattet mit Kinderspiel- und Fitnessgeräten, Whirlpools und vielem mehr. Inmitten der Sonnenschirmreihen gibt es freie Strandabschnitte, z. B. beim Hochhaus.

AM ABEND

Der Abendbummel verläuft am malerisch beleuchteten Hafenkanal. Während der Saison gibt es auf den Plätzen und am Strand Musik, Tanz, Theater und Kunstevents. Eine Besonderheit: Im Juli und August spielen Musiker klassische Musik um 6 Uhr morgens am noch einsamen Strand, die *Concerti all'Alba* fürs Nachtvolk und für Frühaufsteher.

AUSKUNFT

Viale Roma 112, Tel. 05 47 67 32 87, Fax 05 47 67 32 88, www.cesenaticoturismo.com

ZIELE IN DER UMGEBUNG

Bellaria/Igea Marina   [119 E5]
Im Süden Cesenaticos schließen sich zunächst kleinere Adriabäder an. Sehr viel größer ist die Doppelgemeinde Bellaria-Igea Marina (13 000 Ew.) 10 km südlich mit einladend gestalteten Fußgängerzonen, Alleen und Promenaden. Im historischen Turm Torre Saraceno kann man im *Museo delle Conchiglie (Mitte Juni–Mitte Sept. tgl. 16 bis 19 und 20.30–23 Uhr)* wunderbare Muscheln bestaunen. Für Kinder und Jugendliche gibt es das Wasserspaßbad *Aquabell (Juni bis Aug. tgl. 9–18 Uhr; Via Savio 15).* Auskunft: *Via Leonardo da Vinci 2, Tel. 05 41 34 41 08, Fax 05 41 34 54 91*

Cesena [119 D5]

Der Ausflug 17 km landeinwärts in die nahe Stadt Cesena (90 000 Ew.) lohnt vor allem wegen der historischen ★ *Bibliotheca Malatestiana (Mo–Sa 9–12.30 und 16–19, im Winter 14.30–17.30, So 10 bis 12.30 Uhr, Piazza Bufalini 1)* mit ihrer phantastischen Sammlung alter Inkunabeln (Drucke aus der Frühzeit der Buchdruckkunst) und Handschriften, die man sich auf den original erhaltenen Lese- und Schreibpulten des 15. Jhs. anschauen kann – alles intakt. Kommen Sie am Mittwoch- oder Samstagvormittag, dann ist auf der zentralen *Piazza del Popolo* Markt, einer der üppigsten der Romagna.

LIDI DI COMACCHIO

[119 D2] Sieben Badeorte haben sich jenseits der Brackteiche und der urbar gemachten Feld- und Kanallandschaft der so genannten Valli di Comacchio auf dem Küstensand angesiedelt, im Sommer erwachen sie schlagartig aus ihrem tristen Winterschlaf. An den sieben Lidi wohnen viele in Ferienapartsments oder auf Campingplätzen.

Der südlichste, *Lido di Spina,* ist der attraktivste. Heiter stehen kleine Villen in Gärten, die Schirmkronen hoher Pinien werfen Schatten, die Straßen sind ruhig. Der nächste, *Lido degli Estensi,* macht den städtischsten Eindruck, mit Geschäften und Boutiquen sowie einer Flaniermeile, der autofreien Hauptstraße Viale delle Querce, wo man zwischen postmodernem Architekturdekor bummelt. *Porto Garibaldi* wartet mit einem Fischereihafen und guten Restaurants auf. Auf dem *La-go delle Nazioni* landeinwärts tummeln sich Segler und Surfer. *Lido delle Nazioni* besitzt eine hochmoderne Thermalanlage: *Thermae Oasis (Tel. 05 33 39 97 06, www.thermaeoasis.com),* zu der ein innovativer Wellnessgarten *(Giardini del Benessere)* gehört. **Insi Tipp**

Ferien in den Lidi bedeutet nicht nur Sonne, Sand und Meer, sondern auch Ausflüge in die geheimnisvolle Landschaft um Comacchio bzw. im Naturpark Podelta. Die können Sie mit dem Fahrrad, aber auch zu Pferd unternehmen. Dieser amphibischen Welt aus Wasser und Land kommt man am nächsten am Küstenstreifen von *Lido di Volano* mit wilden Strandzugängen, Pinienwald und dem großen Brackwassersee *Valle Bertuzzi,* an dem jede Menge Wasservögel leben, Kormorane, Reiher und viele Entenarten.

ESSEN & TRINKEN

Alle Aie sul Lago

Zünftiges Fischrestaurant an der Hauptstraße bei Lido delle Nazioni, in dem man auch die lokalen Süßwasserfische wie Aal bekommt. *Mi geschl., Strada Romea km 125, Tel. 05 33 37 98 39, €–€€*

Europa **Insi Tipp**

Ein einfaches Lokal am Strand von Porto Garibaldi mit bemerkenswerter Fischküche. Der Wirt ist ein großer Aalkenner. *Fr geschl., Viale dei Mille 8, Tel. 05 33 32 73 62, €€*

ÜBERNACHTEN

Camping Vigna sul Mar

Zwischen Dünenvegetation direkt am Strand von Lido di Pomposa gelegener Campingplatz; gut ausgestattet, kinder- und jugendfreundlich. *Via Capanno Garibaldi 20, Tel. 05 33 38 02 16, Fax 05 33 38 00 82, www.campingvignasulmar.com,* €

Grand Hotel Le Nazioni

In Lido delle Nazioni eines der wenigen Komforthotels von hohem Standard. Schöne Poolanlage, Tennis, Fitness, Animation, Privatstrand. *87 Zi., Viale Unione Sovietica 1, Tel. 05 33 39 91 55, Fax 05 33 39 91 95, www.grandhotellenazioni.it,* €€

AM ABEND

Es gibt das übliche Unterhaltungsprogramm der Badeorte, dazu Musikkneipen und Strandbäder, die abends Beachpartys organisieren.

AUSKUNFT

Lido di Spina, Viale Leonardo da Vinci 112, Tel. 05 33 33 36 56; Lido degli Estensi, Via Ariosto 10, Tel. 05 33 32 74 64; Lido delle Nazioni, Via Germania 24, Tel. 05 33 37 90 68; Porto Garibaldi, Via Ugo Bassi 36/38, Tel. 05 33 31 02 25; www.lidi.de

ZIELE IN DER UMGEBUNG

Abbazia di Pomposa [119 D1]

Die berühmte Abtei von Pomposa 15 km nordwestlich von Lido delle Nazioni ist ein großartiges Monument romanischer Baukunst. Ein Kunstwerk ist der Mosaikboden; ein Zyklus frühester Fresken schmückt die Wände. Zu Konzerten an Sommerabenden Busservice von den Ferienorten. 6 km landeinwärts bei Codigoro am Pokanal bekommt man im *La Capanna di Eraclio* **Insider Tipp** *(Mi/Do geschl., Ortsteil Ponte Vicini, Via per le Venezie 21, Tel. 05 33 71 21 54,* €€€*)* eine der besten Küchen der Region – alte Rezepte von leichter Hand und selbst gebackenes Brot.

Comacchio [119 D2]

★ Fischerhäuser und Paläste spiegeln sich in den Kanälen von Co-

Die schönste Art, sich im Podelta fortzubewegen, ist eine gemächliche Tour auf dem Pferde- oder auf dem Fahrradsattel

Im Zentrum Ferraras: die Burganlage der Este aus der Renaissancezeit

macchio (21 500 Ew.), dem Hauptort im Podelta. Im historischen Zentrum bewundert man das architektonische Meisterwerk, die Brücke *Trepponti* von 1634, deren Treppenrampen über vier sich kreuzende Kanalarme führen. Comacchios Tradition des Aalfangs ist in Gefahr, da der Aal nach dem Laichen im fernen Sargassomeer immer seltener ins Podelta zurückkehrt; man experimentiert daher mit Zuchtanlagen. Aal ist hier denn auch die große Spezialität auf dem Teller, zum Beispiel täglich frisch mariniert in der *Trattoria Vasco e Giulia (Mo geschl., Via Muratori 21, Tel. 053 38 12 52, €€)*. In einer alten Aalfabrik wird gezeigt, wie der Aal verarbeitet und mariniert wurde (und vereinzelt noch wird): *Manifattura dei Marinati (Di–So 9.30 bis 13.30 und 15–19 Uhr, Corso Maz-*

zini 200). Vor den Toren Comacchios wurde 1981 ein Schiff aus der Römerzeit ausgegraben, noch mit seiner ganzen Ladung aus Amphoren, Keramik- und Tongefäßen, nun zu bestaunen im *Museo del Carico della Nave Romana (Di–So 10–13 und 15–18.30 Uhr, Via della Pescheria 2)*. Ein originelles Mitbringsel sind die von *Giuseppino Feletti (Via Agatopisto 17)* gebastelten Vögel aus Schilf und Sumpfgras. In Comacchio sitzt auch die Verwaltung des Deltanaturparks *(Via Cavour 11, Tel. 05 33 31 40 03, Fax 05 33 31 80 07, www.parcodelta po.it)*, gutes Infomaterial für Naturausflüge mit dem Boot, zu Pferd und per Rad bekommt man im *IAT-Büro* an der *Piazza Folegatti (Tel. 05 33 31 01 61)*. Die Deltalandschaft der *Valli di Comacchio (www.vallidicomacchio.it)* südlich Comacchios lässt sich von der alten Aalfangstation Casone Foce aus erkunden. All das lädt zum längeren Aufenthalt ein, etwa in der Altstadt in der Locanda-Trattoria *La Comacina (14 Zi., Via E. Fogli 21, Tel. 05 33 31 15 47, www.locandalaco macina.it, €)* direkt am Kanal.

Ferrara [118 B1]

★ Die Fürstenfamilie d'Este aus den Euganeischen Hügeln hatte in dieser vornehmen Stadt (137 000 Ew.) 60 km westlich am Po einen glänzenden Renaissancehof geschaffen. Ihre gut erhaltene Burganlage *Castello Estense* thront mitten im Stadtkern (hier auch das *Fremdenverkehrsamt, Tel. 05 32 29 93 03, Fax 05 32 21 22 66, www.ferrarain fo.com*). Man ist sehr gut und kann es den Einheimischen gleichtun und radeln, einen Radverleih gibts am Piazzale Kennedy. Der Dom

San Giorgio, an dessen Flanke kurioserweise eine Ladenzeile aus dem 15. Jh. klebt, beeindruckt mit edler romanischer Steinmetzkunst. Am Rand der Altstadt durchläuft man die von Verbindungsbrücken überwölbte *Via delle Volte*, ein Überbleibsel aus dem Mittelalter, als der Po noch direkt an Ferrara vorbeifloss und ganze Stadtteile oft unter Wasser standen. Höhepunkte aus der Renaissance sind die kostbaren Fresken im *Palazzo Schifanoia (Di bis So 9–18 Uhr, Via Scandiana 23)* und der *Palazzo dei Diamanti (Di bis So 10–18 Uhr, Corso Ercole d'Este 21),* dessen Fassade seinen Namen »der Diamanten« erklärt, mit Gemäldesammlung und interessanten Wechselausstellungen.

Es gibt traumhafte Hotels in Palazzi oder die stilvolle, kleine Herberge *De Prati (12 Zi., Via Padiglioni 5, Tel. 05 32 24 19 05, Fax 05 32 24 19 66, www.hoteldeprati. com, €–€€)* in der Altstadt.

Oasi di Campotto e Vallesanta [118 C3]

Das Naturschutzgebiet 50 km im Landesinneren ist ein knapp 15 km^2 großes Überbleibsel der alten Sumpflandschaft der Poebene, bevor die Urbarmachungen alles trockenlegten. Der Teil Vallesanta ist per Rad oder zu Fuß frei zu erkunden, sonst mit Führung *(Tel. 05 32 80 80 58).* Ein neues, interessantes *Ökomuseum (Museo delle Valli d'Argenta, Casino di Campotto, Di–So 9.30–13 und 15.30–18 Uhr)* am Eingang führt die Techniken der Wasserregulierung an Modellen vor, und Sie können Dutzende von Vogelstimmen anhören und identifizieren lernen. Es gibt auch ein *Museo della Bonifica (Stabilimento Idrovoro Sai-* *arino, Di–So 9–13 Uhr, Via Saiarino),* das in einem alten Wasserhebewerk Geschichte und Techniken der Trockenlegung der einstigen Sumpflandschaft vorführt.

MILANO MARITTIMA

[119 E5] Die drei Küstenorte Milano Marittima, Cervia und Pinarella sind längst zur Großgemeinde Cervia (25 000 Ew.) am 9 km langen, sehr gepflegten Sandstrand zusammengewachsen. Während Cervia eine weit zurückreichende Vergangenheit hat, die viel mit der Salzgewinnung zu tun hatte, entstand Milano Marittima Anfang des 20. Jhs. als Seebad der sonnenhungrigen Mailänder. Der elegante Ort gilt heute als das feinste und exklusivste Seebad an der Romagnaküste. Es gibt noble Hotels, breite Alleen, Thermalanlagen und erstklassige Sport- und Shoppingmöglichkeiten.

SEHENSWERTES

La Casa delle Farfalle

Seit 2003 gibt es in Milano Marittima ein gewärmtes Glashaus mit exotisch-tropischer Vegetation und Hunderten zauberhafter Schmetterlinge. *März, April, Mai, Sept., Okt. Di–So 9.30–12.30 und 14–17 Uhr, Juni–Aug. tgl. 9.30–12.30 und 14.30 bis 19 Uhr, www.atlantide.net/casa dellefarfalle, Viale Jelenia Gora 6 d*

Salinen

Insider Tipp

Eine fremde Welt öffnet sich in Cervia bei einem Salinenausflug, der von Experten jeden Donnerstagnachmittag geführt wird. Die Etrusker hatten hier schon Salz gewonnen. In den eindrucksvollen alten

Salzlagern aus dem 17. Jh. hat man jetzt ein Museum über die Salzgewinnung eingerichtet: *Museo della Civiltà Salinara, Juni–Sept. Fr–Mi 16–18.30 und 20.30–23 Uhr*

ESSEN & TRINKEN

Insider Tipp

Trattoria Casa delle Aie

Auf dem Land bei Cervia wurde das Haus Ende des 18. Jhs. als Sammelstelle für Pinienzapfen gebaut. Heute ist es eine gut gelaunte, große Trattoria mit schmackhafter Lokalküche. *Mi und (außer So) mittags geschl., Via Aldo Ascione, Tel. 05 44 92 76 31,* €

Circolo Pescatori

Von Fischern organisiertes, immer volles Lokal in Cervia. An langen Holztischen bekommt man frische Fischgerichte zu gutem Preis. *Di geschl., Via Nazario Sauro 1, Tel. 05 44 97 38 89,* €

Kalumet

Stimmungsvolles Lokal in Milano Marittima auf Pfählen überm Wasser am Hafenpier, etwas für Romantiker. Originelle Fischküche. *Mo und (außer Sa/So) mittags geschl., Via Molo Nord, Tel. 05 44 97 43 50,* €€€

EINKAUFEN

In Milano Marittima sind *Viale Matteotti* und *Viale Gramsci* Zentren fürs Shopping. In Cervia jeden Mittwochabend *Antikmarkt*.

ÜBERNACHTEN

Hotel K2 Cervia

Zentral in Cervia in einen Garten eingebettet. Gepflegt, freundlich, mit guter Küche und eigenem Strandbad. *68 Zi., Viale dei Mille 98, Tel. 05 44 97 10 25, Fax 05 44 97 10 28, www.hotelK2cervia.com,* €€

Wasserski

Hotel Mare e Pineta

In Milano Marittima in einem Pinienpark: Haupthaus, Dependance, Tennisplatz und beheiztes Schwimmbad erstrecken sich bis zum eigenen Strand. *163 Zi., Viale Dante 40, Tel. 05 44 99 22 62, Fax 05 44 99 27 39, www.selecthotels.it,* €€€

Hotel Santiago

In Milano Marittima ein lichtes kleines Hotel in hübschem Garten. Zentral im Ort und nah zum Strand. *20 Zi., Viale 2 Giugno 42, Tel./Fax 05 44 97 54 77, www.hotelsantiago.it,* €

In Faenza dreht sich alles um den Dreh mit der Töpferscheibe

AM ABEND

Beliebte Treffpunkte zum Cocktail, zur Happy Hour und zum Drink bis spät in die Nacht sind die neuen so genannten 🏃 Streetbars, die mit hell erleuchteter Fensterfront bis zur Straße hinausgehen, vor allem in Milano Marittima: am *Viale Gramsci Hype Café* und *Vanquish.* Ein Muss ist die Einkehr ins *Caffè della Rotonda* an der *Piazza I. Maggio* in Milano Marittima. Berühmt für Beachpartys schon am späten Nachmittag sind die Badeanstalt *Papeete Beach (Via III Traversa 31)* und die Diskothek *Pineta (Viale Romagna 66).*

AUSKUNFT

Viale Matteotti 39, Tel. 05 44 99 34 35, Fax 05 44 99 32 26, www.comunecervia.it/turismo

ZIELE IN DER UMGEBUNG

Faenza   [118 C5]

Schon im Mittelalter sind Handwerker bezeugt, die Keramik herstellten. Im 16. Jh. waren die mit Glasur überzogenen Keramikprodukte aus Faenza in ganz Europa bekannt, der Name Fayencen kam damals auf. Noch heute dreht sich in der rund 45 km westlich gelegenen Stadt (54 000 Ew.) alles um dieses edle Handwerk, in rund 60 Werkstätten bzw. Läden sowie im interessanten *Keramikmuseum (Museo Internazionale della Ceramica, April–Okt. Di–So 9–19 Uhr; Nov. bis März Di–Do 9–13.30, Fr–So 9.30–17.30 Uhr; Viale Baccarini 19).*

Lidi di Ravenna   [119 E3–4]

Auf über 35 km Küste aus feinem, breitem Sandstrand verteilen sich neun Küstenorte, die Lidi di Ravenna. Die südlichsten, *Lido di Savio* und *Lido di Classe,* schließen mit ihren Ferienhotels im Stil der Siebzigerjahre und gut ausgestatteten Badeanstalten unmittelbar an Milano Marittima an. Weiter gen Norden folgt ein langes Stück unbebaute Küste, eine Seltenheit an der Adria: Hier dehnt sich der naturgeschütze

Pinienwald *Pineta di Classe* aus, um die Flussmündung des Beveno ziehen sich über 7 km weite, naturbelassene Dünenstrände, die *Spiaggia Bassona,* ein Naturparadies. Ein Strandstück bei *Lido di Dante* ist den FKKlern vorbehalten. *Lido Adriano* und *Punta Marina,* im Winter Tristesse pur, beleben sich im Sommer, wenn die Rollläden der Ferienwohnungen aufgezogen werden.

Am lebhaftesten und städtischsten geht es in *Marina di Ravenna* zu. Im Hinterland von Marina di Ravenna, dem Hafenörtchen *Porto Corsini* und dem weiter nördlich gelegenen Badeort *Marina Romea* finden sich naturgeschützte Feuchtlandschaften mit Brackteichen, Auwäldern und dem Pinienwald *Pineta San Vitale.* Im Sommer werden Ausflüge in diese Landschaften organisiert.

Ganz groß geschrieben wird der Strandsport – Beachvolleyball, Beach Soccer, Beach Tennis bieten sich auf den weiten Stränden an, viele Badeanstalten sind zugleich veritable Sportzentren. Marina di Ravenna hat auch einen modernen Yachthafen mit berühmter Segelschule. Doch der eigentliche Clou, für den Marina di Ravenna weithin bekannt ist, sind die 🏃 Strandpartys bei Fackellicht, DJ- und Livemusik, die hier Badeanstalten wie *Donna Rosa* und *Hookipa* in *Marina di Ravenna (beide Viale delle Nazioni)* oder *Papiriki* in *Marina di Romea (Viale Italia 50)* steigen lassen.

Ravenna   [119 D4]

⭐ Die Stadt (140 000 Ew.) war in der Antike ein bedeutender Hafen am Meer; heute liegt sie 10 km landeinwärts im Hinterland knapp 20 km entfernt von Milano Marittima.

Galla-Placidia-Grabmal in Ravenna: Wunderwerk der Mosaiklegekunst

Wer sie bei seinem Adriaurlaub nicht besucht, verpasst einige der herrlichsten Kunstdenkmäler, die Italien zu bieten hat. Die Blütezeit Ravennas fiel in die Auflösung des Römischen Reiches, den damit verbundenen zunehmenden Einfluss anderer Völker wie der Goten, neuer Religionen wie des Christentums, neuer Kultureinflüsse wie der des byzantinischen Orients. Die Hinterlassenschaft aus dieser Zeit – dem 4. bis 6. Jh. – sind von außen schmucklose Backsteinkirchen, die in ihrem Innern eine prachtvolle Bilderwelt aus Millionen von gold, türkis, blau, smaragdgrün schimmernden Mosaiksteinchen hüten. So der Komplex der Basilica *San Vitale* und des zauberhaften *Mausoleums der Galla Placidia,* die Taufkirchen *Battistero degli Ariani* und *Battistero Neoniano,* die *Palastkir-*

che des Gotenkönigs *Theoderich* und des römisch-byzantinischen Kaisers Justinian, *Sant'Apollinare Nuovo*. Von schmuckloser, doch trutziger Wuchtigkeit ist dagegen das *Mausoleum des Gotenkönigs Theoderich*.

Erholung finden Sie bei San Vitale im Gartenrestaurant *Chilò (Via Maggiore 62, Tel. 054 43 62 06, Mo geschl., €–€€)* oder in den Cafés auf der Piazza del Popolo. Auskunft: *Via Salara 8, Tel. 054 43 54 04, Fax 054 43 50 94, www.turismo.ravenna.it*

RICCIONE

[121 D1] Zu Recht nennt sich Riccione (33 000 Ew.) die »Perla Verde dell'Adriatico«, die grüne Perle der Adria: Gärten, Alleen, schattige Tunnel aus Pinien oder Zedern prägen das Ortsbild. Heute gilt der Badeort als absoluter Trendsetter, hier entstehen die Moden, die in der jeweiligen Saison den Ton angeben, egal ob es sich um neue Tanzstile, neue Sportarten, neue Partythemen oder neue junge Modeschöpfer handelt. Obschon auch Familien hier ihre Sommerferien verbringen, ist Riccione gerade unter jungen Leuten besonders beliebt, hierher kommen die Extravaganten, Vips, Künstler, Gays … In den Hügeln oberhalb von Riccione gibt es die aufregendsten Tanztempel und den raffiniertesten Wasserpark, *Aquafan*.

SEHENSWERTES

Oltremare
Der neue Naturerlebnispark bringt Jung und Alt die Natur dieser Küste nahe, mit Lagunen- und Deltalandschaften voller Wasser- und Schilfgetier. Dazu erfreut ein neues Delphinarium mit täglichen Shows. *Juli/Aug. tgl. 10–24, April–Juni und Sept. tgl. 10–18, Okt./Nov. So 10 bis 18 Uhr, Via Ascoli Piceno 6, www.oltremare.org*

ESSEN & TRINKEN

Beach Café
Tagsüber arabisch angehauchte Zelte und Badekabinen im Retrostil, abends Dinnerterrasse, viel gute Musik und Trendpublikum. *Mai bis Okt. tgl., Viale D'Annunzio, Bagno 132, Tel. 05 41 64 01 96, €€–€€€*

Osteria del Minestraio
Besonders schmackhafte Pastagerichte, reiche Weinauswahl, Küche bis spätabends geöffnet, immer gut besucht. *Im Winter Mo geschl., Viale D'Annunzio 12, Tel. 05 41 64 41 27, €*

Al Pescatore
Im Zentrum ein heiter-elegantes Lokal mit erstklassiger Küche; ein paar japanische Gerichte verraten die Herkunft der Köche. *Im Winter Do geschl., Viale Ippolito Nievo 11, Tel. 05 41 69 27 17, www.alpescatore.net, €€–€€€*

Sol y Mar
Schickes, romantisches Strandrestaurant direkt am Meer mit Fusionküche von Grillfisch bis Sushi. *Mo, Juli/Aug. auch (außer Sa/So) mittags geschl., Viale D'Annunzio 190, Tel. 05 41 64 85 28, www.ristorantesolymar.it, €€–€€€*

EINKAUFEN

Ab 18 Uhr wird die Innenstadt für den Verkehr gesperrt, und die Flaniermeile *Viale Ceccarini* belebt sich: Eleganz und Extravaganz ihrer Geschäfte gelten an der Adria als unschlagbar; auch *Viale Dante* und *Viale Gramsci* gehören dazu.

ÜBERNACHTEN

Hotel Diamond

Das freundlich geführte Hotel im Zentrum in einer ruhigen Gartenstraße ist vollständig renoviert. Ein Frühstücksgenuss ist das Buffet im Garten. Auch die Küche ist sehr gut. *40 Zi., Viale Fratelli Bandiera 1, Tel. 05 41 60 26 00, Fax 05 41 60 29 35, www.hoteldiamond.it, €€ – €€€*

Des Nations

In diesem zauberhaften, eleganten Hotel am Meer können Sie sich vom anspruchsvollen Fitness- und Wellnessangebot verwöhnen lassen. *30 Zi., Lungomare Costituzione 2, Tel. 05 41 64 78 78, Fax 05 41 64 51 54, www.desnations.it, €€€*

Torsani

Gepflegte, einfache Ferienpension mit Pool, guter Küche und exzel-

lentem Preis-Leistungs-Verhältnis. *26 Zi., Via Caltanissetta 10, Tel. 05 41 69 01 90, Fax 05 41 42 56 23, www.travelnice.it/torsani, €*

STRAND

Am feinsandigen, 6 km langen Strand von Riccione liegt man nicht unter Sonnenschirmen, sondern unter in langen Reihen gespannten Markisen, außerdem haben die rund 150 Badeanstalten keine Namen, sondern Nummern. Ständig findet irgendwo eine für alle zugängliche Sport- und Spielanimation statt, und trotz der schier totalen Nutzung jedes Fleckens gibt es einige freie Strandparzellen.

THERMEN

Riccione Terme Oasi

Hier werden vier schwefel-, brom- und jodhaltige Quellen für Kuren genutzt, die vor zwei Jahrtausenden schon den Römern bekannt waren. *Stabilimenti Termali, Via Torino 4, Tel. 05 41 60 22 01, ganzjährig, www.riccioneterme.it*

Diskokult

Halb Norditalien strömt am Wochenende in die Tanztempel an der Adria

Ricciones Diskotheken sind die berühmtesten – auch, wenn sie schon nach Misano hinüber liegen. Tatsächlich hat sich hier eine Diskokultur entwickelt, die viel von Kult an sich hat. Meistens sind die Diskotheken von Freitag bis Sonntag geöffnet (Eintritt zwischen 10 und 30 Euro), dazu oft noch an einem weiteren Abend (Mittwoch oder Donnerstag) in der Woche; vor 24 Uhr geht kaum einer hin, es sei denn, um zu Abend zu essen (z. B. im Prince möglich). Dank der die ganze Nacht verkehrenden Buslinie *Blue Line* braucht man kein Auto.

AM ABEND

Die berühmtesten 🏃 Diskos von Riccione sind *Pascià (Riccione Alta, Viale Sardegna 30)* und *Prince (Via Trebaci 49)*, beide nun auch mit Dinnerbereich. Konkurrenz machen den Tanztempeln die neuen Badeanstalten am Meer, die sich abends in schicke Lounge- und Diskobars verwandeln wie das 🏃 *Flamingo (Bagno 45)* oder das *Hakuna Matata (Bagno 138)*.

AUSKUNFT

Piazzale Ceccarini 10, Tel. 05 41 60 56 27, Fax 05 41 60 57 52, www.comune.riccione.rn.it

ZIEL IN DER UMGEBUNG

Misano Adriatico   **[121 D1]**
Der Nachbarort (9000 Ew.) im Süden von Riccione hat noch wenig bevölkerte Strände. Hübsch ist Porto Verde mit Segelhafen, ein künstlich geschaffenes Wasserdorf aus flachen Häuschen, Portiken und über Balkons wuchernden Blumen. Einige der Kultdiskotheken in den Hügeln gehören zur Gemeinde, z. B. das elegante *Byblos (Via Pozzo Castello 24)*. Auskunft: *Via Platani 22, Tel. 05 41 61 55 20, Fax 05 41 61 32 95*

RIMINI

 Karte in der hinteren Umschlagklappe

[119 F6] Seit den Anfängen des Badetourismus Mitte des 19. Jhs. ist die umtriebige Stadt (130 000 Ew.) der Kopf der rasanten Entwicklung an der Adriaküste. Längst hat sie

sich mit einer regen ganzjährigen Messe- und Kongresstätigkeit sowie einer lebendigen Universität aus der Klammer der Sommersaison befreit. Gerade ist ein supermodern ausgestatteter Yachthafen eingeweiht worden, ebenso eine nagelneue Sport- und Konzertarena. Auch die Messe ist jüngst von einem Hamburger Architektenbüro erweitert worden. Und die Strandmeilen sollen in den nächsten Jahren von den Autos befreit und wie eine einzige Parkanlage gestaltet werden.

Rimini besteht aus Marina, dem zentralen Ortsteil längs der Küste mit seinen Hunderten Hotels, Restaurants, Bars und Badeanstalten, und dem älteren Stadtbereich landeinwärts jenseits der Bahnlinie. Gen Norden und Süden verteilen sich weitere Ortsteile auf insgesamt 15 km Küste.

SEHENSWERTES

Altstadt

Die Altstadt beleben interessante Geschäfte und nette Lokale, etwa abendliche *wine bars* oder an der *Piazza Tre Martiri* die Cafés *Antica Caffetteria Dovesi* und *Caffè Turismo*. Reste aus der Römerzeit sind der mächtige *Augustusbogen* im Norden sowie die *Tiberiusbrücke* über dem Marecchiabett im Süden, noch heute vom Autoverkehr genutzt. Das imposante *Castello Sismondo Malatesta (Piazza Malatesta)* beherbergt erstklassige Ausstellungen. Den Hauptplatz *Piazza Cavour* säumen mittelalterliche Palazzi. Hier kehrt man ein im *Caffè Cavour*. Eine eindrucksvolle Renaissancekirche finden Sie in der Via IV Novembre, den *Tempio Malatestiano*, ursprünglich gotisch.

Borgo San Giuliano

Jenseits der Brücke Ponte Tiberio ein ganz anderes Bild von Rimini: das einstige Viertel der Fischer und Seeleute ist mit geduckten, bunt bemalten Häuschen, mit verschwiegenen Gassen und guten Trattorien immer einen Bummel wert.

MUSEUM

Museo-Fondazione Federico Fellini

Das Museum zeigt wechselnde Ausstellungen mit Zeichnungen von Fellini, Filmfotos, Postern etc. *Öffnungszeiten variabel, www.federicofellini.it, Via Clementini 2*

ESSEN & TRINKEN

Acero Rosso

Die einfallsreichen, leichten Fischgerichte haben den Michelin-Stern allemal verdient. *Mo, So-Abend und (außer So) mittags geschl., Viale Tiberio 11, Tel. 054 15 35 77, www. acerorosso.it,* €€€

Forza e Coraggio – Ristorante dei Marinai

Einst das Clublokal der Matrosen, heute für alle zugänglich: frischer Fisch zu günstigem Preis. Immer voll, reservieren! *Mo geschl., Largo Boscovich 2, Tel. 054 12 87 90,* €

La Piazzetta

Gilt als eine der besten Eisdielen Italiens. *Mo geschl., Via Albertini 4 b*

La Sangiovesa al Mare

🏃 Junges, lebendiges Lokal an der Strandstraße. Probieren Sie die typische *piadina* in allen Variationen! *Mo und mittags geschl., Lungomare Tintori 21, Tel. 054 15 42 37,* €

EINKAUFEN

Beim Piazzale Kennedy liegt das moderne Shoppingcenter *Savoia Store.*

Die Tiberiusbrücke in Rimini feiert bald ihren 2000. Geburtstag

Handbedruckte Tischwäsche in der *Stamperia Ruggine (Via Bertani 36).*

ÜBERNACHTEN

Esedra

Eine Jugendstilvilla in einer ruhigen, zentralen Gartenstraße. Brunchfrühstück und Fitnessanlage. *41 Zi., Viale Caio Duilio 3, Tel. 054 12 34 21, Fax 054 12 44 24, www.esedrahotel.com, € – €€*

Grand Hotel

Dieser wunderbare Luxuspalast von 1908 strahlt weiß und exklusiv in seinem üppigen Garten – ein Kultort, erst recht seit Fellinis Film »Amarcord«. *117 Zi., Parco Fellini, Tel. 054 15 60 00, Fax 054 15 68 66, www.grandhotelrimini.com, €€€*

STRAND

Der Strand erstreckt sich auf 15 km Länge. Wie in Riccione sind die Badeanstalten durchnummeriert, die Nummern 1–30 sind die feinsten und teuersten. Wie überall an der Adria sind die *bagni* mit allen Sport- und Spielmöglichkeiten ausgerüstet.

THERMEN & BEAUTY

In Miramare eine bewährte Anlage für Thalassotherapie: *Riminiterme, Viale Principe di Piemonte 56, Tel. 05 41 42 40 11, www.riminiterme.com;* in der Innenstadt im Palazzo Spina ein hochmodernes Beautycenter: *Rabu, Corso d'Augusto 217, Tel. 054 15 65 62, www.rabu.it*

AM ABEND

Die abendliche Flaniermeile in Marina ist der *Viale Vespucci / Viale Regina Elena* um den Piazzale Kennedy. Hier liegt auch das elegant-lässig gestylte Trendlokal *Caffè delle Rose (Viale Vespucci 1).* 🏃 Wine bars und Kneipen haben sich um die *Piazzetta della Vecchia Pescheria* angesiedelt. Clou der abendlichen Belebung des Strandes sind die schicken Badeanstalten wie *Basilico Pleasure Beach (Lungomare Murri, Bagno 47/48), Tikiventisei Club (Lungomare Tintori 26), Turquoise Beach Club (Lungomare Tintori, Bagno 3):* tagsüber softe Fitnessatmosphäre, abends Party in exotischer Loungeatmosphäre. Ein handfestes Familienvergnügen für jedes Alter: *Rimini, Rimini, Rimini (tgl. 18.30–3 Uhr; Via Antiche Fonti Romane 76, www.riminiriminirimini.it)*, ein riesiges Areal mit zahllosen Spielanimationen, Essmöglichkeiten, Livemusik und Tanzpisten.

Insider Tipp

Insider Tipp

AUSKUNFT

Piazzale Fellini 3, Tel. 054 15 69 02, Fax 054 15 65 98, www.riminiturismo.it, www.turismo.provincia.rimini.it

ZIEL IN DER UMGEBUNG

San Marino [120 C1–2]

Die kleinste und älteste freie Republik der Welt entwickelte sich zwischen dem 9. und 15. Jh. Viele Touristen bummeln durch die Gassen aus echtem und falschem Mittelalter. Mit seinen Souvenirläden, kuriosen Museen, eindrucksvollen Festungsanlagen und einem phantastischen Rundblick ist der Ausflug nach San Marino ein Klassiker. Ein Höhepunkt in Sachen Entertainment ist der Wachwechsel *(Mai bis Sept. stündlich, Piazza della Libertà).*

Weiße Trüffeln, grüne Hänge, bunte Städte

Urbino oder Ascoli Piceno – wer ist die Schönste im ganzen Land?

Mit dem ersten Seebad in den Marken, Gabicce Mare gleich südlich von Cattolica, rückt der Apennin dichter ans Meer heran. Nach der sympathischen Küstenstadt Pesaro beginnen die flachen Adriastrände bis hin zur großen Hafenstadt Ancona: Hier schiebt sich erneut der Apennin ans Meer vor, um mit dem Bergrücken Monte Conero direkt überm Meer ein besonders schönes Küstenrelief zu bilden. Weiter südlich folgen flache, familienfreundliche Strände bis hinunter zum Palmenstädtchen San Benedetto del Tronto. 180 km lang erstreckt sich die Küste der Marken, die Atmosphäre in den Seebädern ist familiär und weniger aufgeregt als an der Costa Romagnola. Sandstrände wechseln sich mit Kies ab. Wie ein Bindeglied durchzieht die Bahnlinie alle Orte.

Das hügelige Hinterland reizt mit beschaulichen alten Orten, mit Mais-, Weizen- und Sonnenblumenfeldern, mit Weinreben und Olivenbäumen, ideal für Ferien auf *agritu-*

Eine Art italienisches Lourdes: Basilika im Wallfahrtsort Loreto

In der Ruhe liegt die Kraft: Im Hinterland ist noch Zeit für einen Plausch

rismo-Höfen. Viele Wallfahrtsstätten und Klöster verweisen auf die einstige Zugehörigkeit zum Kirchenstaat. Kulturelle Höhepunkte sind Urbino, der Renaissancetraum des Herzogs von Montefeltro, und die mittelalterliche Bürgerstadt Ascoli Piceno.

ANCONA

 Karte in der hinteren Umschlagklappe

[123 D1] In der Hauptstadt der Region (100 000 Ew.), auf zwei Hügeln über dem Hafen gelegen, zeugt der Triumphbogen des Trajan (115 n. Chr.) an der Nordspitze der Hafenbucht von antiker Blüte. In Mittelalter und Neuzeit konkurrierte die Flotte im Fernhandel sogar mit Venedig. Die heutigen Reisenden kennen Ancona – im Zweiten Weltkrieg schwer beschädigt – als Hafen, von dem aus die großen Fähren nach Griechenland und Kroatien starten.

SEHENSWERTES

Lazzaretto
In der südwestlichen Einbuchtung des Hafenbeckens liegt von Wasser umgeben dieses Quarantänelazarett, ein Werk des Baumeisters des päpstlichen Absolutismus, Luigi Vanvitelli (1789), und heute Kulisse für zeitgenössische Kunst.

Piazza del Plebiscito
Vom Hafen leicht zu Fuß zu erreichen: der Salon der Stadt, über den die Statue von Papst Clemens XII. wacht. Unweit der Piazza liegt nördlich die schöne romanische Kirche *Santa Maria della Piazza*, südlich verläuft die Shoppingmeile *Corso Garibaldi.*

San Ciriaco
Der Dom auf dem Colle Guasco überragt die Stadt; dieses Meisterwerk mittelitalienischer Romanik entstand auf den Resten eines Aphroditetempels.

MUSEEN

Museo Nazionale delle Marche
Vielfältige Funde zur Frühgeschichte der Marken. Auch der Palazzo selbst lohnt den Besuch. *Di–So 8.30–19.30 Uhr, Via Ferretti 1*

Pinacoteca Comunale
Von der Piazza del Plebiscito weiter aufwärts erreicht man den Palazzo Bosdari mit Meisterwerken von Tizian, Lorenzo Lotto u. a. *Di–Sa 9 bis 19, So 15–19, Mo 9–13 Uhr, Via Pizzecolli 17*

ESSEN & TRINKEN

La Barca sul Tetto
Von 7 bis 24 Uhr geöffnet, ein Mix aus Cafébar und Trattoria; schmackhafte Fleisch- und Fischteller für Hafenarbeiter und Reisende. Zwischen Lazarett und Fährdocks. *Di geschl., Banchina Giovanni da Chio, Tel. 07 15 51 98,* €

Rosso Agontano
Mit Blick auf die Lazarettinsel; für viele die beste Speiseadresse Anconas. *So und mittags geschl., Via Marconi 3, Tel. 07 12 07 52 79, www.alrossoagontano.it,* €€–€€€

ÜBERNACHTEN

Hotel Fortuna
Ordentliches Stadthotel am Bahnhof, ideal für den Stadtbesuch bzw. Zwischenstopp. *56 Zi., Piazza Fratelli Rosselli 15, Tel. 07 14 26 63, Fax 07 14 26 62, www.hotelfortuna.it,* €

AUSKUNFT

Via Thaon de Revel 4, Tel. 071 35 89 91, Fax 07 13 58 99 29, www.comune.ancona.it

ZIELE IN DER UMGEBUNG

Civitanova Marche **[123 E3]**
Zwei Seelen hat die Gemeinde (39 000 Ew.) 45 km südlich von Ancona: die umtriebige, nur mäßig attraktive *Neustadt* an der Küste mit Fischereiflotte, Yachthafen und lan-

gem Strand, gen Norden feinsandig, gen Süden aus Kies, mit den Ferienhotels und der zentralen Piazza XX Settembre. Hier trifft man sich im *Caffè Maretto (tgl. 7–1 Uhr;* im Sommer abends Livemusik). Attraktiver ist das geschichtsträchtige Herz (römische Ursprünge), das verwinkelte *Civitanova Alta* 4 km landeinwärts in den Hügeln.

Und attraktiv sind die Schnäppchen, denn hier boomt die Schuh- und Lederindustrie. Ein großer *Wochenmarkt* findet am Samstagmorgen auf der *Piazza XX Settembre* statt, mit Handwerk, Kleidern und Schuhen. <mark>Ein paar Fabrikladentipps:</mark> im Ort die Schuhmarke *Fornarina (Via Einaudi 300),* im Dorf *Casette d'Ete* ca. 6 km landeinwärts *Della Valle Factory Outlet (Corso Garibaldi 134)* mit den berühmten Tod's Mokassins und Hogan. Im selben Dorf gibt es schöne Handtaschen aus Leder bei *Pelletteria Torresi Lucio (Via Ferruccio Parri 143).* Auskunft in Civitanova: *Corso Umberto I 193, Tel. 07 33 81 39 67, Fax 07 33 81 50 27, www.turismo-marche.com/civitanova*

Insider PP

Riviera del Conero   [123 D1–2]

★ Unmittelbar hinter Ancona schließt sich einer der schönsten (und exklusivsten) Küstenabschnitte der Italienischen Adria an, die Riviera del Conero: 572 m erhebt sich der ✿ Monte Conero überm Meer, zu seinen Füßen tun sich vor hellem Kalkgestein kleine Badebuchten vor kristallklarem Wasser auf, manche nur per Boot zu erreichen. Wegen ihrer Flora und Fauna stehen Küste, Berg und Meeresgrund unter Naturschutz. Im Sommer wandert man zwischen Steineichen und gelb blühendem Ginster, kann Freeclimbing betreiben und tauchen. Das *Naturparkzentrum in Sirolo (Via Peschiera 30 a, Tel. 07 19 33 18 79* hat eine auch für die Reiseplanung sehr informative Website: *www.conero.it*

Drei Gemeinden teilen sich das Gebiet. Das winzige *Portonovo* auf der Nordseite besteht aus einem schönen Kiesstrand (Sackgasse, im Sommer Parkplatznot), auf dem ein altes napoleonisches Fort liegt, heute das elegant-originelle Hotel *For-*

MARCO POLO Highlights
»Marken«

★ **Riviera del Conero**
Am hellen Kalkfels treffen sich Adler und zahlungskräftige Sonnenhungrige (Seite 75)

★ **Urbino**
Die Renaissancestadt ist auch für einen längeren Aufenthalt ein Erlebnis von Geschichte, Kunst und italienischem Alltag (Seite 80)

★ **Senigallia**
Schlemmen in zwei der besten Fischrestaurants Italiens (Seite 84)

★ **Ascoli Piceno**
Die vielleicht schönste Stadt der Marken, die in ihren Bauten Historie dokumentiert und ein südländisches Ambiente schafft (Seite 83)

tino Napoleonico *(30 Zi., Tel. 071 80 14 50, Fax 071 80 14 54, www.hotelfortino.it, €€€)*. Am Strand gibts ein paar gute Restaurants, z. B. **Clandestino Susci Bar** *(Di geschl., €€ – €€€)* mit interessanten Fischgerichten. In exponierter Lage erhebt sich das Kirchlein *Santa Maria di Portonovo* aus dem 11. Jh. Eine Benediktinerabtei, die ◣▶ *Badia San Pietro*, thront oben auf dem Conero.

Hauptort ist das besonders beschauliche ◣▶ *Sirolo* hoch über der Küste; unter den hübschen Hotels sei das moderne, charmant renovierte *Hotel Sirolo (31 Zi., Via Grilli 26, Tel. 07 19 33 96 65, Fax 07 19 33 03 73, www.conero.it/ hotel/htl_sirolo, €€)* mit Wellnessbereich und Pool genannt. Busse bringen nach unten an die Strände *Spiaggia San Michele* und *Spiaggia Urbani*.

Schließlich *Numana* an der Südseite des Massivs, mit höher gelegenem altem Kern und der neueren Küstensiedlung mit zahlreichen Hotels am langen Strand. Von Numana bringen Boote zum Kies- und Klippenstrand *Due Sorelle*, berühmt wegen seiner beiden Zwillingsfelsen. Im Süden von Numana schließt sich der Badeort *Macelli* mit zahlreichen Strandbädern an. Ein Tipp oberhalb von Numana im Grünen ist der geschmackvoll gestaltete Gutshof *Relais & Residence Valcastagno (8 Zi., 10 Apartments, Via Valcastagno 10, Tel. 07 17 39 15 80, Fax 07 17 39 27 76, www.valcastagno. it, € – €€€)*.

Loreto [123 D2]

◣▶ Zu Ferien in den Marken gehört ein Ausflug in den neben Lourdes bedeutendsten Marienwallfahrtsort 30 km südlich. Er überrascht mit erstaunlich wenig Nepp und Rummel, dafür mit einer eleganten Anlage (Stararchitekten des 16. Jhs. wie Bramante und die

Stimmungsvoller Zungenbrecher: Open-Air-Oper in Macerata

Sangallos haben mitgewirkt). Loreto gilt als ein Wunderort: Hierher sollen Engel das Haus der Maria aus Nazareth transportiert haben, die prachtvolle *Basilika* hütet es. Vom großzügigen Vorplatz geht es in den *Palazzo Apostolico (April–Okt. Di bis So 9–13 und 16–19, Nov.–März 10–13 und 15–18 Uhr)* mit 30 Sälen voller sehenswerter Kunst, darunter acht Gemälde des Meisters Lorenzo Lotto aus dem 16. Jh. Auch weltlichen Genüssen ist man hier zugeneigt mit dem besonders guten Restaurant *Andreina (Di geschl., Via Buffolareccia 14, Tel. 071 97 01 24, www.ristoranteandreina.it, €€–€€€).*

Macerata [123 D3]
Maceratas Markenzeichen ist die riesige Ballspielarena *Lo Sferisterio* von 1829, heute als Open-Air-Theater für die renommierten Opernfestspiele im Sommer genutzt (7000 Plätze). Festungsmauern aus dem 16. Jh. umfassen die Altstadt mit ihren schönen Plätzen, allen voran die *Piazza della Libertà* mit dem *Palazzo dei Priori,* heute Rathaus, der *Loggia dei Mercanti* in elegantem Renaissancestil, dem *Palazzo della Prefettura* und dem alten *Uhrturm* aus dem 16. Jh. Dazu kommen Kirchen wie die stattliche *Kathedrale* und zahlreiche Museen, z. B. eine sehenswerte Kutschensammlung *(Museo delle Carrozze, Di–Sa 9–13 und 16–19.30, So 9–13, Mo 16 bis 19.30 Uhr, Piazza Vittorio Veneto 2).* Auskunft: *Piazza della Libertà 12, Tel. 07 33 23 48 07*

Porto Recanati [123 D2]
An den Monte Conero schließt sich knapp 30 km südlich von Ancona dieses familienfreundliche Adriabad

(8000 Ew.) an, dessen rechtwinkliges, von kleinen Häusern gesäumtes Straßenraster bis an den Kiesstrand reicht. Man genießt die autofreie Strandpromenade und das sommerliche Unterhaltungsprogramm im Hof des *Castello Svevo,* der Festungsanlage, die Stauferkaiser Friedrich II. im 13. Jh. zum Schutz vor Piraten errichten ließ.

11 km landeinwärts liegt das Hügelstädtchen *Recanati* (19 000 Ew.). Imposante Palazzi, Kirchen und Straßenanlagen lassen seine einstige Rolle als Warenumschlagplatz im Kirchenstaat erahnen. Die Italiener verbinden mit Recanati die Erinnerung an einen ihrer großen Dichter, den schwermütigen Giacomo Leopardi (1798–1837). Sein *Geburtshaus* kann besichtigt werden *(März–Sept. tgl. 9–18, Okt. bis Feb. 9.30–12.30 und 14.30–17.30 Uhr).* Auch der berühmte Tenor Beniamino Gigli (1890–1957) wurde hier geboren *(Museo Gigli im Rathaus, Di–So 9–12 und 15–19 Uhr).* In der schönen *Villa Colloredo-Mels (Di–So 9–12 und 15–19 Uhr)* zeigt man Fundstücke zur Frühgeschichte sowie eine Gemäldesammlung mit Meisterwerken u. a. von Lorenzo Lotto.

FANO

[121 F2] Die Marken sind bekannt für ihre reizenden kleinen Theater aus dem 18. Jh., 70 von ehemals 120 sind noch erhalten und fast alle in Betrieb. Fano (57 000 Ew.) besitzt mit dem *Teatro della Fortuna* ein besonders schönes. Außerdem hat das Küstenstädtchen eine von hohen Festungsmauern römischen Ursprungs gefasste Altstadt, die

Insider Tipp

Caffè Centrale

Treffpunkt in der Altstadt zu jeder Tageszeit zu einem Eis, zu Cocktails, zu Ausstellungen. *Corso Matteotti 104*

Da Ciacco

Im Küstenort Marotta 15 km Richtung Senigallia gibt es kreative Fischküche in einem in frischem Marinelook gestylten Lokal. *Mo geschl., Via Faà di Bruno 102, Tel. 07 21 96 95 12, €€ – €€€*

Al Pesce Azzurro

Insi Tip

Großes, einfaches Selbstbedienungslokal am Meer mit frischen, von einer Fischergenossenschaft zubereiteten Fischgerichten zu Spottpreisen. *Mitte April–Mitte Okt. tgl., Viale Adriatico 48, Tel. 07 21 82 36 44, www.pesceazzurro.com, €*

Der Fischfang spielt in Fano auch heute noch eine wichtige Rolle

man durch den imposanten Augustusbogen betritt, sowie eine rege Fischereitradition. Mit seinen Nachbarorten Torrette und Marotta hat Fano ein reiches Angebot an Hotels, Ferienwohnungen, Campingplätzen und allen erdenklichen Sportarten.

Altstadt

Durch die Altstadt mit vielen Geschäften lässt es sich gut bummeln, über die Hauptachsen Via Arco di Augusto und Corso Matteotti gelangt man auf die zentrale *Piazza XX Settembre* mit eindrucksvollem *Barockbrunnen* und dem *Palazzo Malatesta (Di–So 9.30–12.30 und 16–19, Mitte Juni–Mitte Sept. zusätzlich 21–23 Uhr)* mit lichter Loggia (sehenswerte Gemäldesamlung).

Camping Fano

Mitten auf dem Strand ein großer, gut geführter Campingplatz am südöstlichen Ortsrand. *Foce del Metauro 1, Tel. 07 21 80 26 52, Fax 07 21 82 34 64, www.camping fano.it, €*

Hotel Corallo

Gepflegtes Mittelklassehotel am zentralen Sassonia-Strand, gutes Preis-Leistungs-Verhältnis. *38 Zi., Via Leonardo da Vinci 3, Tel. 07 21 80 42 00, Fax 07 21 80 36 37, www.hotelcorallo-fano.it, €€*

Agriturismo La Grotta

6 km landeinwärts überm Flussbett des Metauro inmitten von Feldern beim Weiler Camminate. Mit Restau-

rant. *6 Zi. und Apartments, Sant'Angelo in Feriano, Tel. 07 21 85 45 77, Fax 07 21 85 95 60, www.agriturlagrotta.it, € – €€*

Viale Cesare Battisti 10, Tel. 07 21 88 73 14, Fax 07 21 82 03 37, www.turismofano.com

PESARO

[121 E1–2] Einerseits ein Küstenort mit langem Sandstrand, einladenden Badeanstalten und Ferienhotels sowie einem regen Fischereihafen, andererseits eine charmante und kulturell lebendige Stadt (90 000 Ew.) mit einem Filmfestival und vor allem den hochkarätigen Opernsinszenierungen *(www.rossinioperafestival.it)* im Namen von Gioacchino Rossini, dem Sohn Pesaros. Den Charme der Stadt machen breite Straßen und anmutige Villen aus, stattliche Palazzi aus der Renaissance verweisen auf die wechselnden Fürstenherrschaften.

SEHENSWERTES

Piazza del Popolo
Den städtischen Mittelpunkt bildet die Piazza del Popolo mit dem Barockbrunnen *Fontana del Tritone* und dem *Palazzo Ducale* (16. Jh.), in dessen schönen Innenhof Sie einen Blick werfen sollten.

Villenanlagen
Fragen Sie bei der Touristeninformation nach den Besuchsmöglichkeiten der wunderschönen Villenparks in den Hügeln vor Pesaro, etwa auf den bewaldeten Anhöhen von Colle San Bartolo *(Villa Imperiale, Villa Caprile etc.)*.

MUSEEN

Casa Natale di Rossini
Das Geburtshaus des großen Komponisten und Feinschmeckers (1792 bis 1868) zeigt allerlei Reminiszenzen an den Meister. *Di–So 9.30 bis 12.30, Do–So auch 16–19 Uhr, Via Rossini 34*

Musei Civici
Gemäldesammlung, vor allem aber die phantastischen Keramik- und Majolikaschätze, eine alte Tradition Pesaros und der Marken. *Di/Mi 9.30 bis 12.30, Do–So 9.30–12.30 und 16–19 Uhr, Piazza Toschi Mosca 29*

ESSEN & TRINKEN

Gennaro
Eine einfache Trattoria über der Küste gen Nordwesten beim Aussichtsort San Bartolo, mit schmackhaften, frischen Fischgerichten. *So-Abend und Mo geschl., Via Santa Marina Alta 30, Tel. 072 12 73 21, €*

Scudiero
Im Zentrum in den ehemaligen Stallungen des Palazzo Baldassini ein feines Lokal mit bester Fleisch- und Fischküche. *So geschl., Via Baldassini 2, Tel. 072 16 41 07, www.ristoranteloscudiero.it, €€€*

ÜBERNACHTEN

Hotel Spiaggia
Modernes, komfortables Ferienhotel mit Swimmingpool direkt am Strand. *78 Zi., Viale Trieste 76, Tel. 07 213 25 16, Fax 072 13 54 19, www.hotelspiaggia.com, € – €€*

Hotel Vittoria

Exklusives Flair in einer renovierten Jugendstilvilla am zentralen Strand von Pesaro; mit schönem Restaurant *(So geschl.)*. *27 Zi., Piazzale Libertà 2, Tel. 072 13 43 43, Fax 072 16 52 04, www.viphotels.it,* €€ – €€€

AM ABEND

Neben Theater, Bummel und Sommerveranstaltungen spricht man sogar von einer 🏃 *movida* mit Pubs und Musikclubs. Auch im benachbarten Badeort *Gabicce Mare* ist im Sommer viel los.

AUSKUNFT

Via Rossini 41, Tel. 072 16 93 41, Fax 072 13 04 62, www.turismo.pesarourbino.it

ZIELE IN DER UMGEBUNG

Gabicce Mare　　　　[121 E1]

An der Lebhaftigkeit des Ferienorts knapp 20 km nordwestlich merkt man ihm seine Nähe zur Romagna an, auch geografisch entwickelt er sich eher nach Cattolica hin. Gabicce Monte klettert den Apennin hinauf, der hier bis ans Meer reicht, weiter unten überm feinsandigen Strand von Gabicce Mare siedeln die Hotels und Badeanstalten. Zwei Hotelempfehlungen: preiswert und nett geführt das *Thea (27 Zi., 8 Apartments, Via Vittorio Veneto 11, Tel. 05 41 95 00 52, Fax 05 41 95 45 18, www.hotelthea.it,* € *)*, bestens ausgestattet das elegante *Grand Hotel Michelacci (120 Zi., Piazza Giardini Unità d'Italia, Tel. 05 41 95 43 61, Fax 05 41 95 35 00, www.michelacci.com,* €€€ *)* am Strand.

Gradara　　　　[121 D–E1]

🏊 Von Pesaro sind es gut 15 km in dieses von einer hohen, zinnengekrönten Mauer eingefriedete Burgdorf – intaktes Mittelalter wie aus dem Bilderbuch. Das zieht im Verbund mit den adretten Läden und Restaurants heute Tausende von Ausflüglern an.

Urbino　　　　[121 D3]

★ 🏊 🏃 Nach 35 km durch die Hügellandschaft erreichen Sie Urbino, ein kleines Städtchen (15 000 Ew.) mit großem Atem. Seine Schicksalsstunde schlug im 15. Jh. unter dem klugen Herzog Federico da Montefeltro, einem humanistischen Renaissancegeist auf der Suche nach dem Idealen. Die Straßen, Palazzi, Kirchen und der Herzogspalast scheinen wie ineinander verschmolzen zu einem urbanen Kosmos, den ästhetische Besonderheiten wie die beiden minarettartigen Türme einzigartig machen. Der Herzog ließ die Künstler seiner Zeit ihr Bestes geben, Piero della Francesca, Paolo Uccello und natürlich Raffael, Sohn der Stadt. Lassen Sie sich Zeit für die wunderbare Gemäldesammlung im Herzogspalast *(Palazzo Ducale und Galleria Nazionale delle Marche, Mo 8.30–14, Di bis So 8.30–19.15 Uhr)*, für so geheimnisvolle Bilder wie die Geißelung Christi des Piero della Francesca und die Stumme, La Muta, von Raffael. Oder für das mit kunstvollen Intarsien ausgeschlagene Studierzimmer des Herzogs, *Lo Studiolo*. Im 16. Jh. wurde die Universität gegründet, entsprechend viele junge Leute prägen das Ortsbild. Leckere Pastagerichte gibt es in der *Osteria Angolo Divino (So-Abend und Mo geschl., Via Sant'Andrea 14,*

Den Blick über die Dächer von Urbino lässt sich kaum ein Besucher entgehen

Tel. 07 22 32 75 59, www.angolodivino.com, €€). Auskunft: Piazza Rinascimento 1, Tel. 07 22 26 13, Fax 07 22 24 41, www.urbinoculturaturismo.it

SAN BENEDETTO DEL TRONTO

[123 E5] Die südlichste Küstenstadt der Marken (45 000 Ew.) an der Grenze zur Region Abruzzen bezaubert mit ihrem mediterranen Flair: Tausende Palmen säumen die Uferpromenade am langen Sandstrand, überragen Grünanlagen und Gärten. Elegante Villen hier und dort verweisen auf die Vergangenheit als Sommerfrische und Sitz eines wohlhabenden Bürgertums. Längs der Uferpromenade und im Stadtzentrum mit Fußgängerzonen wie der Flaniermeile Viale Moretti verteilen sich Skulpturen zeitgenössischer Künstler, der historische Kern liegt etwas höher jenseits der Durchgangsachse Corso Mazzini. Große Bedeutung hat die Fischerei mit Flotte und Fischmarkt. Der Hafen teilt den Strand in zwei Abschnitte, schöner und breiter ist der gen Süden verlaufende Abschnitt.

MUSEEN

Museo delle Anfore
Im Hafengelände beim Fischmarkt eine faszinierende Sammlung von Amphoren phönizischer, griechischer, römischer Herkunft, die die Fischer von San Benedetto im Lauf von Jahrzehnten aus der Adria gefischt haben. Hinzu kommen Nachbildungen antiker Transportschiffe. *Di–So 9–12 und 15–19 Uhr, im Hochsommer länger, Piazza del Pescatore/Viale Cristoforo Colombo 92*

Museo Ittico Capriotti
Gleich daneben über dem Fischmarkt das wissenschaftlich anspruchsvolle Meeresmuseum mit

Tausende Palmen säumen Strand und Uferpromenade in San Benedetto

fossilen Funden, Muscheln, Aquarien. *Di–Sa 9–13 Uhr, Piazza del Pescatore/Banchina di Riva Malfizia 19*

ESSEN & TRINKEN

Caserma Guelfa
Gute Küche mit frischen Zutaten im südlichen Ortsteil Porto d'Ascoli, jeden Freitag die berühmte lokale Fischsuppe *brodetto*. Man sitzt stimmungsvoll in den Gemäuern einer alten Zollstation oder draußen unterm Portikus. *Mo geschl., Via Caserma Guelfa 5, Tel. 07 35 75 39 00, €€*

Da Vittorio
Hübsche Villa mit einem eleganten Restaurant mit hoch gelobter Küche, feiner Weinstube und Cafébar sowie vier charmanten Zimmern. *Mo geschl., Via della Liberazione 31, Tel. 073 58 11 14, www.davittorio.net, €€ – €€€*

EINKAUFEN

Auf den Bummelmeilen im Zentrum und auf dem *Wochenmarkt (Di und Fr in den Straßen des Zentrums).*

ÜBERNACHTEN

Canguro & La Sfinge
Das bewährte Ferienhotel *Canguro (35 Zi., www.hotelcanguro.it)* und von derselben Besitzerfamilie das noch neure, geschmackvolle *La Sfinge (30 Zi., www.hotellasfinge.com)* nebeneinander direkt am Meer vor Porto d'Ascoli. *Via San Giacomo 48/52, Tel. 07 35 65 09 77, Fax 07 35 65 89 17, €*

Residence Oltremare
Ein noch recht neues Apartmenthotel direkt am Meer mit Swimmingpool, Kinderspielplatz und frischen, komfortablen Ferienwohnungen. *51 Apartments, Via Cimarosa 5, Tel. 07 35 76 11 11, Fax 073 57 61 18 08, www.residence oltremare.com, €€*

Hotel Regent
Ansprechendes Haus im Zentrum, lärmisoliert, klimatisiert, Sauna und reichhaltiges Frühstück; , ganzjährig geöffnet. *25 Zi., Viale Gramsci 31, Tel. 07 35 58 27 20, Fax 07 35 58 28 05, www.hotelregent.it, €€*

AM ABEND

Man bummelt über die Strandpromenade im autofreien Stadtzentrum mit ihren Eiscafés. 🏃 Musikclubs für junge Leute auch in *Cupra Marittima* und *Grottammare*.

AUSKUNFT

Viale delle Tamerici 5, Tel. 07 35 59 22 37, Fax 07 35 58 28 93

ZIELE IN DER UMGEBUNG

Ascoli Piceno [123 D6]

⭐ Gut 30 km im Landesinneren liegt die bedeutendste Stadt (52 000 Ew.) der südlichen Marken. Auf einer Anhöhe erhebt sich die 🔻 Altstadt über den Flussläufen Tronto und Castellano. Im Mittelalter hatte sie über 200 Geschlechtertürme, einige dieser weithin sichtbaren Wahrzeichen ihrer reichen, mächtigen Familien stehen heute noch. Aus dem Mittelalter stammt auch das große Stadtfest am ersten Sonntag im August, das Reiterturnier *La Quintana,* von den Ascolanern genauso intensiv gelebt wie der Palio in Siena.

Um die mit glänzenden Travertinplatten gepflasterte *Piazza del Popolo,* eine wunderbar harmonische Platzanlage, gruppieren sich die monumentale, doch schlichte gotische Kirche *San Francesco* mit stimmungsvollem Kreuzgang, der elegante *Palazzo dei Capitani del Popolo* (13. Jh.), die *Loggia dei Mercanti,* die Händlerbörse von 1513, und das berühmte Jugendstilcafé *Meletti.* Ein paar Schritte weiter, und Sie stehen auf einem weiteren schönen Platz, der *Piazza Arringo* mit dem Dom *Sant'Emidio* aus Mittelalter und Renaissance,

dem *Rathaus* (17. Jh., mit *Stadtmuseum*), dem *Bischofspalast* und dem *Palazzo Panichi* (17. Jh., mit *Archäologiemuseum*). Den Fluss Tronto überquert eine Brücke aus römischer Zeit.

Ein Lokal in der Altstadt mit guter Fleischküche und den typischen gefüllten *olive ascolane* ist das *Scuderie (So-Abend geschl., Corso Mazzini 226, Tel. 07 36 26 35 35, €–€€).* Auskunft: *Piazza del Popolo 17, Tel. 07 36 25 30 45, Fax 07 36 25 23 91*

Fermo [123 E4]

Eine typische mittelitalienische Kleinstadt (35 000 Ew.), 40 km nördlich und wenige Kilometer landeinwärts auf den Apenninhügeln gelegen. Sehenswert sind die weite *Piazza del Popolo* (hier auch *Touristenauskunft, Tel. 07 34 22 87 38*), die Kirchen und Palazzi, eine eindrucksvolle **unterirdische Zisternenanlage** *(Di–So 9.30–12.30 und 15.30–19 Uhr, Führungen stdl., Treffpunkt Ufficio Musei an der Piazza del Popolo 5)* aus römischer Zeit und das entzückende *Teatro Dell'Aquila* (1791).

Insider Tipp

Grottammare [123 E5]

Zur Riviera delle Palme, wie der südlichste Küstenabschnitt der Marken wegen seiner vielen Palmen genannt wird, zählen auch die Badeorte Grottammare, Cupra Marittima und Pedaso. Vor allem Grottammare (14 000 Ew.) 5 km im Norden San Benedettos ist nicht ohne Reiz mit seinem 5 km langen Sandstrand, gesäumt von einer Allee aus Palmen vor schönen alten Jugendstilvillen, und seiner höher gelegenen Altstadt. Ausflugsziele in den Hügeln sind die hübschen alten Ortschaften *Ripatransone* und *Offida.*

Piraten

Nicht immer ging es an der Adria so friedlich zu wie heute

Über Jahrhunderte lebten die Bewohner und die Fischer Riminis, Fanos, Senigallias, Pesaros in der Angst vor Überfällen der Piraten. Seeräuber vornehmlich türkischer Herkunft machten vor allem im 15. und 16. Jh. die Adriaküste unsicher, überfielen Fischkutter, Handelsfrachter und die Schiffe, die die Pilger nach Loreto zum Geburtshaus der Maria brachten. Die Hafenbefestigungen in Pesaro, Fano und Porto Recanati entstanden in jener Zeit.

Porto San Giorgio   [123 E4]

Dem Badeort gut 30 km nördlich kann man mit seinem weiten Sandstrand, seinen Strandpavillons – *chalets* genannt und oft abendliche Treffpunkte – und einem lebhaften Zentrum mit hier und dort hübschen Villen ein gewisses Flair nicht absprechen. Den Kern bilden ein enges Raster aus Parallelsträßchen und von Bäumen überschatteten Flanierstraßen wie dem *Viale Buozzi*, eine *Burganlage* (13. Jh.) und Stadtmauerreste. Ein Schlemmertipp etwas außerhalb, für den die Leute von weit her kommen (unbedingt reservieren!): *Damiani e Rossi (Mo, Di und außer So mittags geschl., Via della Misericordia 1, Tel. 07 34 67 44 01, €€)*

Insider Tipp

SENIGALLIA

[122 B–C1] ★ Senigallias Karriere als Adriabadeort (42 000 Ew.) hat schon Mitte des 19. Jhs. begonnen. Das verdankt der Ort seinem rund 10 km langen, sehr gepflegten Strand, *spiaggia di velluto*, Samtstrand, genannt. Jede Sportart wird angeboten, auch ein Yachthafen ge-

hört dazu. Und nicht zuletzt wegen zweier hervorragender Restaurants lohnt die Stadt einen Besuch.

SEHENSWERTES

Altstadt

Durch das interessante Stadtzentrum wird die Fluss Misa durch einen Hafenkanal ans Meer geführt. Seine Ufer säumen stattliche alte Handelshäuser sowie der schwungvolle klassizistische Marktplatz *Foro Annonario*. Die wunderbaren Fotos des berühmten Fotografen Mario Giacomelli aus Senigallia kann man im *Museo d'Arte Moderna e della Fotografia (Di–Fr 8.30–12.30 und 16 bis 18.30, Sa 8.30–12.30 Uhr, Via Pisacane)* bestaunen.

Insider Tipp

ESSEN & TRINKEN

Madonnina del Pescatore

Chef Moreno Cedroni, einst Pizzabäcker und heute einer der einfallsreichsten Fischköche Italiens, betreibt mit seiner Frau nicht nur dieses lichte, moderne Restaurant am Meer in Marzocca (6 km südlich), sondern auch einen Imbiss mit selbst gemachten Fischkonserven in

Senigallia *(Anikò, Piazza Saffi 10, €–€€). Mo, im Winter auch So-Abend geschl., Lungomare Italia 11, Tel. 071 69 82 67, www. madonninadelpescatore.it, €€€*

Vinoteca Salta Tappo

Unter den Arkaden in der Altstadt treffen sich alle zu Wein und deftigen Wurst- und Käsespezialitäten. *So-Mittag und Mo geschl., Portici Ercolani 70, Tel. 07 16 52 98, €*

Uliassi

 Zentral mit Blick aufs Meer kocht hier ein weiterer talentierter Spitzenkoch, Mauro Uliassi. Freuen Sie sich vor allem auf seine wunderbar aromatischen *antipasti. Mo geschl., Banchina di Levante 6, Tel. 07 16 54 63, www.uliassi.it, €€€*

EINKAUFEN

Ein Lebensmittelmarkt schlägt unter den Arkaden des *Foro Annonario* Mo–Sa seine Stände auf. Mi-Abend Handwerker- und Trödelmarkt, im Juli und August außerdem Do Wochenmarkt. Shoppingstraßen im Zentrum.

ÜBERNACHTEN

Hotel Bel Sit

 Große Villa aus dem 19. Jh. 4 km außerhalb im Grünen. Pool, Strandshuttle; ideal für Familien. *28 Zi., Scapezzano di Senigallia, Via dei Cappuccini 15, Tel. 071 66 00 32, Fax 07 16 60 83 35, www.belsit.net, €*

Hotel Palace

Elegantes Komforthotel am Strand gegenüber dem Meerespavillon. *54 Zi., Piazzale della Libertà 7, Tel. 07 17 92 67 92, Fax 07 17 92 59 69, www.hotelpalace.net, €€*

Locanda Strada della Marina

 Zauberhafter Landgasthof mit gutem Restaurant 3,5 km landeinwärts in gepflegtem Park. *9 Zi., Scapezzano di Senigallia, Strada della Marina 265, Tel. 07 16 60 86 33, Fax 07 16 61 17 27, www.locanda stradadellamarina.it, €€€*

AUSKUNFT

Piazzale Morandi 2, Tel. 07 17 92 27 25, Fax 07 17 92 49 30, www.comune.senigallia.an.it

Ein Hafenkanal zieht sich durch Senigallias Altstadt bis ans Meer

Hügelstädtchen und Naturschauspiele

Die Touren sind in der Karte auf dem hinteren Umschlag und im Reiseatlas ab Seite 114 grün markiert

1 ZU DEN BURGEN IM HINTERLAND VON RIMINI

Das hügelige Hinterland der Küste von Rimini kennzeichnen malerische Städtchen und die oft kühnen Burgbauten der mächtigen Fürstenfamilie Malatesta, Herrscher über das Territorium in Mittelalter und Renaissance. Zwei Täler öffnen den Weg ins Landesinnere, die Valmarecchia landeinwärts von Rimini, die hier als erste Tour vorgestellt wird, und die Valconca im Landesinnern hinter Riccione bzw. Cattolica, im Folgenden als Tour 2 beschrieben. In den Gaststätten kommen Sie auf den Geschmack der handfesten Küche der Romagna, zu der ein Glas des lokalen Rotweins Sangiovese nicht fehlen darf. Von den Burghügeln reicht die Sicht weit über die mit ihren Feldern, Waldstücken und Rebhängen patchworkartige Hügellandschaft bis hinunter ans Meer. Ein Blickfang ist der Monte Titano

Bei Fahrten ins Hinterland lernen Sie das ländlich-ruhige Italien kennen

mit der Republik San Marino obenauf. Lassen Sie sich für die knapp 100 km einen vollen Tag Zeit!

Sie verlassen *Rimini (S. 69)* in Richtung Cesena über die Via Emilia bzw. die Staatsstraße 9 und erreichen nach 10 km *Santarcangelo di Romagna.* Das freundliche Flair der von einer Malatestaburg überragten Altstadt mit interessanten Kirchen, Cafés und Restaurants – z. B. das für seine exzellenten Rindersteaks bekannte *Sangiovesa (mittags geschl., Piazza Baldacchi 14, Tel. 05 41 62 07 10, www.sangiovesa.it, €€)* unter Gewölbedecken machen es zu einem beliebten Ausflugsort.

Es gibt auch allerhand zu sehen: Ein weitläufiges Netz aus Grotten und Kellern durchzieht das Tuffgestein unter Santarcangelo, einen Teil davon kann man durchlaufen (*Grotte Tufacee,* fragen Sie nach Einlass im Touristenbüro, Via Cesare Battisti 5, tgl. 9.30–12.30 und 16 bis 18.30, Tel. 05 41 62 42 70). Das Museo Etnografico Usi e Costumi *(Di–So 10.30–12.30, Di, Do, Sa, So auch 15.30–17.30 Uhr, Via Montevecchi 41)* veranschaulicht eindrucksvoll das einstige Bauerndasein in der Romagna. Ein Einkaufs-

Insider-Tipp

Panoramablicke öffnen sich beim Bummel um die Stadtmauer von Verucchio

tipp: Die *tele ruggine,* handbedruckte Leinentischwäsche, bekommen Sie bei *Marchi Stamperia (Via Cesare Battisti 15).*

7 km weiter das Marecchiatal hinauf, erreichen Sie *Poggio Berni:* Vereinzelte alte Landgüter, allen voran der befestigte Hof aus dem 13. Jh. *Castello Marcosanti im Ortsteil Sant'Andrea (2 Zi., Essen nur auf Vorbestellung, Via Ripa Bianca 441, Tel./Fax 05 41 62 95 22, www.castello-marcosanti.it, €€),* verweisen auf den mittelalterlichen Landadel.

Von Poggio geht es durch die Hügel weiter über Borghi nach *Sogliano al Rubicone* hinauf. Der Ort ist unter Feinschmeckern berühmt für seinen in Gruben eingegrabenen Käse, den besonders würzigen *formaggio di fossa.* Mit einem großen Festakt wird der Käse im November nach Monaten des Reifens aus den Gruben geborgen, in zahlreichen Läden bekommt man ihn dann das Jahr über. Wer Zeit hat, kann die Tour um einen Schlenker über *Pennabilli (S. 16), Carpegna* (berühmt für seinen Schinken) und *Pietrarubbia* (Künstlerdorf) erweitern.

Das nächste Ziel ist ◣◢ *San Leo* jenseits des Marecchiatals und schon in den Marken gelegen: Die *Burg* der Montefeltro, der Erzfeinde der Malatesta, erstreckt sich auf steilem Fels auf fast 600 m Höhe. Sie ist bestens erhalten und wohl die kühnste, unheimlichste Burg weit und breit. Eine landschaftlich reizvolle Strecke führt nun westlich um den Berg von San Marino herum nach ◣◢ *Verucchio,* das auf einer Felskuppe liegt. Stammort der Malatesta mit Palazzi, Kirchen und gleich zwei Festungen, hat es hier auch noch die viel ältere Villanovakultur (9./8. Jh. v. Chr.) gegeben. Deren Grabbeigaben, wahre Schätze, kann man im *Museo Archeologico (April–Sept. tgl., Okt.–März Sa/So 9.30–12.30 und 14.30–19.30 Uhr)* in einem alten Augustinerkloster bewundern. Schmackhafte Pasta- und Fleischküche bekommen Sie im riesigen, aber gut organisierten Restaurant *Casa Zanni (Di geschl., Via Casale 171, Tel. 05 41 67 84 49, €–€€),* wo man im Sommer schön draußen sitzt. Zurück nach Rimini sind es von Verucchio dann noch gut 15 km.

2 HÜGEL UND HÖHLEN: VON CATTOLICA INS CONCATAL

Auf den Anhöhen oberhalb des Concatals verteilen sich lauter besuchenswerte Ortschaften, eine jede mit ganz eigener Note – man kann hier Schuhe und Mode kaufen oder gutes Olivenöl, getrocknete Steinpilze, würzige Kräuter, man kann durch pittoreske Dörfer bummeln oder in Grotten die Fledermäuse beim Tagesschlaf beobachten. Für die rund 80 km lange Tour sollten Sie sich einen Tag Zeit lassen.

Oberhalb von Cattolica beginnt der Ausflug mit *San Giovanni in Marignano* und *Morciano di Romagna* (3 bzw. 9 km), beide heute Industriezentren mit Fabrikläden für Schuhe und Kleidung. Nach Morciano fährt man am besten donnerstags auf den besonders reichhaltigen Wochenmarkt. In *Saludecio* 8 km weiter lädt ein gut erhaltener mittelalterlicher Kern zum Bummel ein. Hier hat man sich auf den Anbau von Gewürz- und Küchenkräutern spezialisiert. *Mondaino* überrascht mit einer eleganten, oval geschwungenen Platzanlage aus dem 18. Jh. Im ⚡ Burgdorf *Montegridolfo* mit phantastischer Weitsicht hat man die alten Gemäuer restauriert und in ein luxuriöses Refugium für romantische Wochenenden und exklusive Arbeitstreffen umgewandelt.

Zurück über Mondaino und Tavoleto geht es nun hinauf nach ⚡ *Montefiore Conca,* in den Hauptort des Concatals, den ein weithin sichtbarer Burgklotz überragt. Hier können Sie deftig essen in der Burg-

schänke *Osteria del Castello (Mo geschl., Tel. 05 41 98 02 11, €–€€).* Die architektonisch interessante *Burg,* im 14. Jh. von den Malatesta als Residenz hergerichtet, wird zurzeit restauriert.

Bei Gemmano 7 km weiter folgen Sie den Schildern zu den *Grotte di Onferno (Juni–Sept. tgl. 9.30 bis 12 und 15–19 Uhr)* 2 km außerhalb und gelangen zu einem faszinierenden Höhlensystem, das ein unterirdischer Fluss in einen Berg aus glitzerndem Kreidegestein gegraben hat – hier hausen ganze Fledermauskolonien. Ein paar Kilometer weiter kommen Sie in das befestigte Burgdorf *Montecolombo* voller netter Lokale, z. B. die intime *Osteria Amici Miei (Di-Mittag und Mo geschl., Via Bologna 21, Tel. 05 41 98 44 56, €€)* oder im Ortsteil *San Savino* die rustikal-stimmungsvolle *Osteria Tempodivino (Mo und außer So mittags geschl., Via Roma 36, Tel. 05 41 98 57 17, €–€€).* Bei *Montescudo* 1 km weiter liegt die stimmungsvolle, als Friedensdenkmal gedachte Kirchenruine *Pace di Trarivi.* Richtung Küste lohnt die landschaftlich schöne Fahrt nach *Coriano* (15 km), einer lebhaften Ortschaft mit Wein- und vor allem exzellenter Olivenproduktion (bekommen Sie hier überall zu kaufen). Zurück zur Küste nach Riccione sind es dann nur noch knapp 10 km.

Insider Tipp

3 DREI TAGE DURCH DAS HINTERLAND DER MARKEN

Die Tour beginnt in Pesaro, führt hinein ins Mittelgebirge des Montefeltro zum zauberhaf-

ten Renaissancestädtchen Urbino, zum Trüffelstädtchen Acqualagna, zum Papierstädtchen Fabriano, zu den schönsten Tropfsteinhöhlen Mittelitaliens und schließlich übers Weinstädtchen Jesi zurück an die Küste bei Ancona. Für die rund 300 km lange Tour sollten Sie nach Möglichkeit drei Tage mit zwei Übernachtungen veranschlagen.

Von *Pesaro (S. 79)* nach *Urbino (S. 80)* sind es nur etwa 35 km, doch für das magische Renaissancestädtchen sollten Sie sich genug Zeit lassen, vielleicht sogar hier übernachten, z. B. in der Altstadt im *Hotel Raffaello (14 Zi., Via Santa Margherita 40, Tel. 07 22 48 96, Fax 07 22 32 85 40, www.albergo raffaello.com, €€).* Im ziegelfarbenen Städtchen *Urbania* 18 km weiter mit schöner, um die Piazza San Cristoforo zentrierter Altstadt versammelt der mächtige *Palazzo Ducale (Di–So 10–12 und 15–18 Uhr)*, ein Renaissancebau mittelalterlichen Ursprungs, eine erstaunlich umfangreiche Gemälde- und Stichesammlung (auch Dürer) sowie alte Landkarten und sogar zwei Globen des niederländischen Astronomen Mercator aus dem 16. Jh. Auch Zeugnisse der einst hochberühmten lokalen Keramikproduktion sind ausgestellt.

Nach *Acqualagna* zieht es die Feinschmecker das ganze Jahr wegen der Trüffeln, die man hier in den Wäldern findet (in der Saison 2003 gingen die Gaumenfreunde allerdings wegen des zu trockenen Sommers leer aus): die weiße Trüffel Ende Oktober/Anfang November, die schwarze Frühjahrstrüffel im Februar (Markt am vorletzten So), die schwarze Sommertrüffel Mitte August. Eingelegte Trüffeln

und Trüffelgewürztes bekommt man in den Läden rund ums Jahr und natürlich in den Restaurants, z. B. im *Ristorante Antico Furlo (Mo-Abend und Di geschl., Via Flaminia 66, Tel. 07 21 70 00 96, www.anticofurlo.it, €€–€€€)* mit sechs gemütlichen Zimmern (€€).

◣◢ *Gola del Furlo* heißt die tiefe Schlucht, die der Bergfluss Candigliano nur wenige Kilometer von Acqualagna durch den Fels gegraben hat, ein eindrucksvolles Naturschauspiel, das Menschenhand noch potenziert hat: An ihrer engsten Stelle schlugen die Römer um 77 n. Chr. einen 38 m langen Tunnel durch die Schlucht, um der alten Römerstraße Via Flaminia ein Durchkommen zu ermöglichen. Diese Tour geht jedoch nicht jenseits der Furloschlucht weiter, sondern Richtung *Cagli* mit einem hübschen Altstadtkern, in dem ein stattlicher Wehrturm aus der Zeit des Herzogs Federico von Montefeltro auffällt. Sollte gerade Mittagszeit sein, empfiehlt sich die Einkehr im *Guazza (abends und Fr geschl., Piazza Federico da Montefeltro 1, Tel. 07 21 78 72 31, €).*

Weiter geht es über Frontone und Serra Sant'Abbondio südostwärts. Hier sollten Sie sich auf jeden Fall Zeit für einen Abstecher (ca. 7 km) zu der alten benediktinischen Klosteranlage *Monastero di Fonte Avellana* nehmen. Die im Wald gelegene Einsiedelei mit der schönen romanisch-gotischen Kirche, mit Zellen, Schreibstube und Bibliothek verströmt auch heute noch eine vergeistigte Atmosphäre. Die Mönche verkaufen im Klosterladen Liköre, Salben und Essenzen.

Das für seine Tradition der Papierherstellung schon seit dem Mit-

Auf 80 km erstrecken sich die labyrinthischen Grotten von Frasassi

telalter berühmte Städtchen *Fabriano* ist das nächste Ziel. Hier wurde das Wasserzeichen erfunden. Auch heute noch kommt besonders gutes Papier aus Fabriano. Das *Museo della Carta e della Filigrana (Di–Sa 10 bis 18, So 10–12 und 14–17 Uhr; Largo Fratelli Spacca)* in einem Klosterbau zeigt die Entwicklung der Papierherstellung. Hier und in den Läden in Fabriano bekommen Sie wunderschönes Papierenes, ein geschmackvolles Mitbringsel. Auch sonst ist das Städtchen mit seiner Piazza del Comune und vielen stattlichen Palazzi und Kirchen einen ausgiebigen Bummel wert.

15 km nördlich von Fabriano erwartet Sie ein sehenswertes Naturschauspiel – man staunt, was Wasser und Kalkablagerungen im Lauf von Abertausenden von Jahren an traumhaft schönen Gebilden schaffen können: die gigantischen Tropfsteinhöhlen ★ *Grotte di Frasassi (Führungen tgl. 8–18 Uhr).*

Der Weg zurück zur Küste führt in die Kleinstadt *Jesi,* den Deutschen aus dem Geschichtsunterricht bekannt als Geburtsort des Stauferkaisers Friedrich II.; nach ihm ist der Hauptplatz benannt, an dem der Renaissancepalast Palazzo della Signoria beeindruckt. Sehenswert ist die Gemäldesammlung in der *Pinacoteca (Mitte Juni–Mitte Sept. Di–So 10–19, Mitte Sept. bis Mitte Juni Di–Sa 10–13 und 16–19, So 10–13 und 17–20 Uhr; Via XV Settembre)* mit Werken des Meisters Lorenzo Lotto. In Jesi wurde 1710 der Komponist Giovanni Battista Pergolesi geboren, nach ihm ist das entzückende Stadttheater benannt. Jesi ist zudem Winzerzentrum des weißen Verdicchio. Eine letzte Station ist die eindrucksvolle Abtei *Chiaravalle,* im 12. Jh. von Zisterziensermönchen aus Clairvaux in Burgund gegründet. Auf der Küstenautobahn sind es dann noch rund 60 km zurück nach Pesaro.

Olympiade der Strandsportarten

**Ob Sie es rasant oder gemächlich lieben:
Mit Hunderten Angeboten vom Fitnessfestival
bis zur Vogelbeobachtung ist für alle gesorgt**

Natürlich gibts das auch noch, faul am Strand liegen und sich braten lassen, aber selbst die ganz Trägen werden sich irgendwann vom Angebot der zahllosen Sportarten, vom Spaß am gemeinsamen Spiel mitreißen lassen. Die Adriaküste gilt als das Kalifornien Italiens: Da man einen ganzen Führer mit all dem füllen könnte, was Sie an Aktivitäten hier unternehmen können, verteilen die Fremdenverkehrsämter entsprechend dicke Broschüren. Es beginnt mit Hunderten von Tennis- und Bolzplätzen, Dutzenden Rollerskatepisten, und die flachen, feinsandigen Adriastrände laden zu Beachvolleyball und Frisbee ein.

Überall längs der Küste werden Surf-, Segel-, Tauch- und Schwimmkurse angeboten. Oder Sie lernen beim ehemaligen Formel-1-Fahrer Siegfried Stohr in 300-PS-Kisten, wie man volltourig die Kurve kriegt *(Autodromo Santamonica in Misano Adriatico, Tel. 05 41 61 25 40, www.guidarepilotare.com)*. Etwas langsamer geht es auf den Golfplätzen zu, die in den letzten Jahren landschaftlich besonders attraktiv angelegt wurden, oder auf gemächlichen Bootsausflügen durch die Lagunen- und Deltalandschaft. Auf Fischkuttern kann man zum Hochseeangeln ausfahren, derweil am Strand Fitnessmeister zum Mitmachen auffordern bei Stretching, Yoga, Hip-Hop-Gym, Body Workout …

Dass Rimini und Umgebung immer auf dem neuesten Stand der Körpertrends sind, garantiert auch die Wellness- und Fitnessmesse Mitte Mai in der Adriametropole mit allen erdenklichen Neuheiten *(www.riminiwellness.com)*.

BIRDWATCHING

Das Coneromassiv, das sich bei Ancona an die Küste heranschiebt, bietet mit seinen fast 600 m hohen Felsen über dem Meer einen ungestörten Nistplatz für ein paar der mächtigsten Raubvögel, die in Italien anzutreffen sind. Die Zugvögel haben ihn zu ihrem idealen Rastplatz erkoren. Sich das näher anzuschauen (und dabei natürlich nicht zu stören) ermöglichen Ausflüge im April/Mai und Mitte August. Man bekommt Sperber, Adler, Habichte, Falken, Steppenweihen vors Fernglas oder vors bloße Auge. Ein Ausgangspunkt: *Poggio a Pian*

Auf, am, im Wasser: Adria aktiv!

Grande, Informationen und Anmeldung im Zentrum des Naturparks Monte Conero in Sirolo (Via Peschiera 30 a, Tel. 07 19 33 18 79, www.parcoconero.eu)

GOLF

18-Loch-Plätze nahe der Adriaküste – allesamt landschaftlich wunderschön angelegt – gibt es eine ganze Reihe, das Golfspiel boomt in den letzten Jahren in Italien, und neben alteingesessenen Plätzen entstehen immer neue. Gute Websites mit ausführlichen Informationen zu Golfplätzen sind z. B.: *www.golfing.it; www.golffuehrer.de; www.golfeturismo.com/campi-golf; www.emiliaromagnagolf.com; http://turismo.regione.veneto.it/golf/; www.leadinggolfhotels.com*

An der Adria ist das Golfen noch vergleichsweise erschwinglich

KARTING

Pista Azzurra nennt sich die modernste und schnellste Kartingrennbahn Europas in Jesolo. Sie können hier auch Karts zum Selberfahren mieten. *Via Roma Destra 90, Tel. 04 21 97 24 71, www.pista-azzurra.com*

RADFAHREN

Die zumeist flache Landschaft an der Adria, das Podelta mit seinen endlosen Deichsträßchen und die langen Strandpromenaden eignen sich bestens zum Radfahren. In den Ferienorten kann man Räder mieten, viele Hotels stellen ihren Gästen Räder zur Verfügung. Sportliche Radler zieht es eher in die sanften Hügel des Hinterlands – die Fremdenverkehrsämter warten mit Routenvorschlägen auf. Informative

Websites mit Routentipps und Radlerhotels sind z. B. *www.conerobike.it, www.caorlebike.com* und *www.riccionebikehotels.it*.

REITEN

Längs der gesamten Adria gibt es Reitställe, die Fremdenverkehrsämter haben die Adressen. Eine Reitstunde kostet in der Regel zwischen 18 und 23 Euro. Ein besonderer Tipp sind Ausritte im Podelta auf Delta-Camargue-Pferden, eine Züchtung, die auf den weißen Pferden beruht, die im Rhonedelta leben. Der *Zuchthof und Reitstall (Tel. 03 37 59 20 35)* liegt in der Nähe des Badeortes Lido delle Nazioni und gehört zur Ferienanlage *Club*

Spiaggia Romea (Via dell'Oasi 2, Lido delle Nazioni, Tel. 05 33 35 53 66, Fax 05 33 35 51 13, www.spiaggia romea.it).

SPORTFISCHEN/ SPORTANGELN

Beim Anblick der Fischereiflotte und des frischen Fischs auf dem Markt in *Chioggia* schlägt das Anglerherz höher. Einige Kutter bieten Fangausfahrten in der Lagune und auf dem Meer an, fragen Sie im Fremdenverkehrsbüro. *Pescaturismo* nennen sich diese aufregenden Ausflüge, die heute in allen größeren Fischereihäfen angeboten werden, so auch in den Lagunen von Caorle und Grado. Ähnliche Touren bieten auch einige Fischkutterbesitzer in *Cesenatico* und in *San Benedetto del Tronto* (Auskunft in den jeweiligen Fremdenverkehrsämtern) an. Bei Corbola südlich von Adria an einem der vielen Po-arme, dem Po di Goro, lädt *Andy's Wallercamp (Via Po di Venezia 43, Santa Maria in Punta/Ariano nel Polesine, Tel. 04 72 76 80 22, Fax 04 72 76 77 87, www.wallercamp.it)* zum Wallerfischen. Es ist sehr beliebt bei deutschen und österreichischen Sportanglern.

SPORTDÖRFER

Immer beliebter werden so genannte Sportdörfer, in Jesolo etwa *Play Village (Via Equilio 48, Tel. 042 19 28 84, www.playvillage.com)* mit Tennisplätzen, Bolz- und Basketballplätzen sowie einer Skaterbahn. In Riccione liegt ein Sportdorf am Strand: *Beach Planet (Viale D'Annunzio 150, Tel. 05 41 64 37 23, www.beachplanet.it)* mit Pools,

Rutschen und vielen Sportangeboten wie Wassergymnastik, Fußball, Squash, Rollerbladerampe etc.

SPORTUR

Ein Beispiel für die sportlichen Leidenschaften an der Adriaküste sind die Sportur-Wettspiele, die sich über die Sommermonate auf verschiedene Wochenenden und Orte verteilen: Das reicht von Radrennen und Triathlon über Beachvolleyball und Beach Soccer bis zu Frisbeewettkämpfen etc. Infos dazu unter *www.sportur.com*.

TAUCHEN

Tauchen lernen kann man überall, die schönsten Tauchgründe gibt es an der Felsküste von Triest *(Subsea-club in Triest, www.subseaclubtrie ste.it)*, in Sistiana *(Fullimmersion, www.fullimmersion.it)* und am Monte Conero bei Ancona *(Circolo Sub in Sirolo, Diving Center in Numana, www.seawolfdiving.it)*.

WASSERSPORT

Längs der Adriaküste gibt es Dutzende Yachthäfen, die größten sind in *Muggia, Grado, Lignano, Chioggia, Caorle, Bibione, Jesolo, Marina di Ravenna, Marina di Albarella, Porto San Giorgio* und *Fano*. Vielerorts werden Segelkurse angeboten. Segler schätzen vor allem die Winde der oberen Adria, den Schirokko aus Südosten und die Bora aus Nordosten. Wo gesegelt wird, sind auch die Surfer nicht weit. In allen Badeorten, in vielen Feriendörfern und auf Campingplätzen kann man Surfbretter mieten und bei Einführungskursen mitmachen.

Spaßbäder und Badespaß

Die flachen Strände der Adria sind ideal für kleine Kinder – und auf die großen warten Kamikazerutschen und Achterbahnen

Wer mit seinen Kindern die Adria zum Ferienziel wählt, findet hier alles, was Kinderherzen erfreut. Dazu tut die Natur das ihre mit weitläufigen Sandstränden und flachen Zugängen ins warme Meer, ideal zum stundenlangen Plantschen. Diese Ecke Italiens ist – zusammen mit dem Gardasee – die bei weitem am besten mit Attraktionen für Kinder ausgestattete: mit Vergnügungsparks, Spaßbädern, Tierparks und vielem mehr. Die Qualität der Attraktionen, ihre Waghalsigkeit, die großen Pools, die Musik, all das macht die Parks genauso zu Treffpunkten für Teens und Twens.

FRIAUL-JULISCH-VENETIEN

Aqua Splash   [114 C5]

Eine riesige Spaßbadanlage in Lignano mit künstlichem Wellengang, kamikazesteilen Rutschen und dem *black hole,* einem stockdunklen Rohr, durch das man hinab ins Wasser schießt. *Mitte Mai–Mitte Sept. tgl. 10–18 Uhr, 18 Euro, 3–8 Jahre 14 Euro, nach 15 Uhr 14*

»Badewanne Italiens«: Die flachen Adriastrände sind ideal für Kinder

bzw. 12 Euro, Ortsteil Sabbiadoro, Viale Europa 140, www.aquaplash.it

Gulliverlandia   [114 C5]

In Lignano-Sabbiadoro in der Nähe von Aqua Splash zeigt dieser Vergnügungspark die Welt auf 40 000 m^2: die Meeresfauna mit Haien und tropischen Fischen, die Geschichte (Dinosaurierzeit, Antike, Maya, Mittelalter), weltberühmte Bauwerke, und aus 60 m Höhe überblickt man wie ein Vogel die Küste. *Mitte Mai bis Mitte Sept. tgl. 10–18 Uhr, 16 Euro, 3–8 Jahre 13 Euro, Via San Giuliano, www.gulliverlandia.it*

Parco Zoo Punta Verde   [114 C5]

Auf der Landzunge von Lignano-Sabbiadoro liegt in üppiger, duftender Vegetation dieser Safarizoo mit Tierarten aus der ganzen Welt. *Feb. So, März–Okt. tgl. 9 Uhr–Sonnenuntergang, 10 Euro, 3–11 Jahre 8 Euro, www.parcozoopuntaverde.it*

Strabilia Luna Park   [114 C5]

Die Riesenkirmes in Lignano ist mit 60 der modernsten Attraktionen ausgestattet. *Mitte Mai–Mitte Sept. tgl. 20–1 Uhr, Eintritt frei, Attraktionen 1–3 Euro, Ortsteil Sabbiadoro, Viale Europa, www.strabilialunapark.it*

VENETIEN

Aqualandia [117 F3]
⭐ Dieser riesige Wasserpark in Lido di Jesolo wartet mit der höchsten Wasserrutschbahn der Welt (42 m) und weiteren waghalsigen Rutschen auf, mit Bungeespringen, abendlicher Disko, aber auch mit Becken für ruhige Schwimmer und vielen Spielmöglichkeiten für kleine Kinder, dazu Bars und Restaurants. *Ende Mai–Mitte Sept. tgl. 10–18 Uhr, abends Disko Cubra Libre, 22 Euro, unter 1,40 m 18 Euro, unter 1 m frei, nach 14 Uhr jeweils 4 Euro weniger, Via Buonarroti 15 a, www.aqualandia.it*

EMILIA-ROMAGNA

Insider Tipp
Acquario di Cattolica Le Navi [121 D–E1]
Am Strand von Cattolica ein Themenpark zur Flora und Fauna des Meeres mit großem Aquarium, nicht nur für Kinder attraktiv. Das Ganze ist reizvoll untergebracht in den futuristischen, schiffsähnlichen Gemäuern eines Ferienheims aus den Dreißigerjahren und unterirdisch unterm Strand. *April–Mitte Juni und 2. Sept.-Hälfte tgl., Okt. bis März So 9.30–17.30, Mitte Juni bis Mitte Sept. tgl. 10–22.30 Uhr, 15 Euro, unter 12 Jahren 11 Euro, unter 1 m frei, Kombiticket mit Italia in Miniatura 24/19 Euro, Piazzale delle Nazioni 1 a, www.squaloanchio.com*

Aquafan [119 F6]
⭐ Wasser-Sport-Spaß-Park der Superlative in Riccione: Auf 150 000 m² verteilen sich gewagte Wasserrutschen, Wellen- und Massagebäder, reißende Flüsse für Schlauchboottouren, dazu zahllose Spiel- und Sportanimationen für jedes Alter. Radio Dee Jay, der bei Jugendlichen beliebteste Musiksender, versorgt die Tanzpisten und die beiden abendlichen Diskos mit Musik, dazu jede Menge Imbissstände und Picknickzonen. *Juni–Mitte Sept. tgl. 10–18.30 und 22–4 Uhr, 21 Euro, 6–11 Jahre 14 Euro, ab 15 Uhr 14 Euro, Via Pistoia, www.aquafan.it*

Delfinario Rimini [119 F6]
Unter den Tieren, die die Meere bevölkern, zählen die Delphine sicherlich zu denen, die die Menschen, Jung wie Alt, am meisten lieben. In Rimini zeigen sie jeden Nachmittag ihre Spiellust. *April bis Sept. Mo–Fr 16.30 und 18, Sa/So 16 und 17.30, im Sommer auch 21.30 und 22.30 Uhr, 10 Euro, 3–10 Jahre 7 Euro, Piazzale del Porto 4, www.delfinariorimini.it*

Fiabilandia [121 D1]
Den Ausflug in diesen Erlebnispark in Rimini können sich auch die Großeltern zumuten: Animation mit Spiel, Märchenvorführungen, Schatzsuche, man verliert sich in Labyrinthen, verzauberten Burgen, gummiweichen Urwäldern, auf Seifenrutschen. Die Badesachen nicht vergessen! *Mitte April–Mitte Sept. tgl. 10–19, im Hochsommer z. T. bis 22 bzw. 23 Uhr, Mitte Sept. bis Okt. Sa/So 10–18 Uhr, 17 Euro, unter 1,20 m 12 Euro, Via Cardano 15, www.fiabilandia.it*

Italia in Miniatura [121 D1]
In Viserba bei Rimini hat man die berühmten Bauten Italiens im Maßstab 1:25 und 1:50 detailgetreu nachgebaut: vom Schiefen Turm von Pisa bis zum venezianischen

Italien in Klein für die Kleinsten: Italia in Miniatura bei Rimini

Canal Grande. Theateranimationen, Kirmesattraktionen, Imbiss und Pizzerien vervollständigen das Angebot. *Stark gestaffelte Öffnungszeiten, meist tgl. 9/9.30–18.30, Juli/Aug. bis 24 Uhr; 16 Euro, unter 12 Jahren 12 Euro, unter 1 m frei, Kombiticket mit Acquario di Cattolica Le Navi 24/19 Euro, Via Popilia 239, www.italiainminiatura.com*

Mirabilandia [119 E4]

⭐ Dieser sehr beliebte, riesige Vergnügungspark in Savio bei Ravenna ist eine Mischung aus Disneyland und Riesenkirmes. Mit einer verrückten Märchenstadt, dem Kinderland Bimbopoli oder der gigantischen Achterbahn Katun ist er für Kinder und junge Leute gleichermaßen attraktiv. *April–Juni und Sept. tgl. 10–18, Juli/Aug. 10–23 Uhr; 23,50 Euro, unter 12 Jahren bzw. unter 1,50 m 12 Euro, unter 1 m frei, SS Adriatica 16 km 162, www.mirabilandia.it*

MARKEN

Museo Malacologico Piceno [123 E5]

Insider Tipp

Kaum zu glauben, wie viele verschiedene Muscheln es gibt – hier in der weltgrößten Muschelsammlung über 700 000 Exemplare. *Okt. bis März Do, Sa, So 15–18.30, April, Mai, Sept. Di, Do, Sa, So 15.30–19, Juni tgl. 16–20.30, Juli/Aug. tgl. 16–22.30 Uhr; 6 Euro, Kinder 3 Euro, Cupra Marittima, Via Adriatica Nord 240*

Parco Zoo Paese dei Bimbi [122 C1]

Oberhalb von Falconara Marittima bei Ancona erstreckt sich dieser Zoo, in dem Panther, sibirische Tiger, Flamingos und sardische Esel leben. *April–Sept. tgl. 9–19.30, März und Okt. Mi–Mo 9–18.30 Uhr; 10 Euro, 3–11 Jahre 8 Euro, Via Castello di Barcaglione 10, www.parcozoofalconara.com*

Angesagt!

**Was Sie wissen sollten über Trends,
die Szene und Kuriositäten an der Adria**

Latinrhythmus

Ethnostil ist angesagt, orientalische und asiatische Elemente in Design und Küche manch neuer Trendlokale längs der Ferienküste. Doch wenn es darum geht, Fun zu haben, siegen die Latinrhythmen. In Lokalen mit Namen wie Mucho Macho, La Rambla, Romagna de Cuba, Mojito Beach trinkt man Tequila oder Rum, isst Tapas und Grillfleisch mit scharfen Saucen, und in den Diskos und Strandbars geht es am heißesten zu, wenn Latinrhythmen aufgelegt werden.

Street- und Strandbars

Voll im Trend sind derzeit offene Sommerbars, die gleich den ganzen Bürgersteig bzw. die halbe

Straße belegen: Das geht mit der Happy Hour los und zieht sich bis in die späten Abend. Zu elektronischer Loungemusik hängt man in Trauben an hohen Tischchen und Hockern und quatscht. Nicht minder angesagt sind Badeanstalten, die sich abends in stimmungsvolle Cocktailbars und Restaurants unterm Sternenhimmel verwandeln.

Italorock und Liedermacher

Bei allen beliebt sind die Altrocker Vasco Rossi und Ligabue. Jüngeren Rock machen die Bands Subsonica und Le Vibrazioni. Eigenwillige Liedermacher sind z. B. Daniele Silvestri und Carmen Consoli mit ihrer sehr schrägen Stimme. Jungmädchenherzen schmelzen für den melancholischen Alex Britti.

Spritz und birra

Zur Happy Hour bzw. zum Aperitif trinkt man frische Fruchtsäfte, die mit Prosecco aufgeschäumt werden, oder den *spritz,* Weißwein mit Campari oder Aperol. Aber auch Bier ist – besonders zur Pizza – immer angesagter.

Körperkult

Man pflegt sich sehr, ist modebewusst und körperbetont bis zum Exzess. Der Strand, das abendliche Bummeln bieten die rechte Gelegenheit, samtige Ambrahaut und den gepiercten Nabel zur Schau zu stellen. Und wehe, man sieht ein Haar: Alles ist glatt rasiert, häufig selbst die Köpfe der Männer. Und besonders hippe Badeanstalten konzentrieren ihr Angebot auf das angesagte Thema Wellness.

Von Anreise bis Zoll

Hier finden Sie kurz gefasst die wichtigsten Adressen und Informationen für Ihre Adriareise

ANREISE

Auto

Auf durchgehenden Autobahnen erreichen Sie die Adriaküste aus der Schweiz über Mailand und Bologna, aus Österreich über den Brenner, Verona und Bologna. Die Autobahnen in der Schweiz, Österreich und Italien sind mautpflichtig. Im Sommer verkehren Autoreisezüge *(www.autoreisezug.de)* von mehreren deutschen Städten nach Verona sowie von München direkt nach Rimini – eine entspannte, aber nicht preiswerte Alternative.

Bahn

Die preisgünstigste und aus den meisten Teilen Deutschlands auch schnellste Strecke führt über Österreich, Brenner, Verona. Tägliche Zugverbindungen bestehen u. a. nach Triest, Venedig, Rimini, Ancona. Im Sommer werden zusätzliche Schlafwagenzüge eingesetzt.

Flugzeug

Linienflüge aus Deutschland, Österreich und der Schweiz gehen bis Venedig, Verona oder Bologna. Billigfluggesellschaften fliegen mittlerweile Bologna (German Wings), Forlì (Ryanair), Venedig (Intersky, Hapag Lloyd) und im Sommer auch Rimini (DBA, Hapag Lloyd) an.

Ständig kommen neue Verbindungen dazu *(www.billigflug.teletour.de)*. Erkundigen Sie sich auch nach Flug-Mietauto-Kombinationen.

AUSKUNFT

Staatliches Italienisches Fremdenverkehrsamt Enit

– *Gebührenfreie Telefonnummer für Deutschland, Österreich und die Schweiz (Mo–Fr 8–20, Sa/So 9–14 Uhr): 008 00 00 48 25 42*
– *Kaiserstr. 65, 60329 Frankfurt, Fax 069/23 28 94*
– *Kärntnerring 4, 1010 Wien, Fax 01/505 02 48*
– *Uraniastr. 32, 8001 Zürich, Fax 01/211 38 85*

AUTO

Höchstgeschwindigkeit: in Orten 50 km/h, sonst 90 km/h, auf der Autobahn 130 (bei Regen 110), auf Schnellstraßen 110 km/h. Promillegrenze: 0,5. Auch tagsüber muss außerorts mit Abblendlicht gefahren werden. Außerdem ist das Mitführen einer Warnweste Pflicht, die beim Verlassen des Fahrzeugs auf freier Strecke bei Unfall oder Panne angelegt werden muss. Vorgeschrieben sind Führerschein und Fahrzeugschein; empfohlen wird die grüne Versicherungskarte.

Achtung in der Mittagszeit: Die Mehrzahl der Tankstellen schließt von 12.30 bis 15.30 Uhr. Sonntags ist Tanken außer auf den Autobahnen schwierig. Viele Tankstellen haben jedoch Automaten, die Sie mit Geldscheinen sowie mit Kreditkarten bedienen können.

Viele Straßen in den Innenstädten sind mittlerweile für den Verkehr gesperrt. Auch werden zunehmend Parkgebühren erhoben, an Automaten zieht man einen Parkschein oder besorgt sich so genannte Rubbeltickets *(tagliando per parcheggiare)* an Zeitungskiosken oder in Tabakläden.

BANKEN & KREDITKARTEN

Öffnungszeiten meist Mo–Fr 8.20 bis 13.20, etliche auch 14.45 bis 15.45 Uhr. Am praktischsten sind Geldautomaten zum Abheben mit Kredit- bzw. ec-Karte. In größeren Hotels, Restaurants und Geschäften sowie an Tankstellen, bei der Bahn und bei Autovermietungen werden die gängigen Kreditkarten angenommen.

DIPLOMATISCHE VERTRETUNGEN

Konsulate der Bundesrepublik Deutschland

– *Via Beccaria 8, Triest, Tel. 040 36 90 71*
– *San Marco, Campo Sant'Angelo 3816, Venedig, Tel. 04 15 23 76 75*
– *Viale Trieste 3 e, Rimini, Tel. 054 12 77 84*

Österreichisches Konsulat

– *Santa Croce, Fondamenta Condulmer 251, Palazzo Condulmer, Venedig, Tel. 04 15 24 05 56*

Schweizer Konsulat

– *Via Battisti 18, Triest, Tel. 04 07 60 04 00*
– *Dorsoduro, Campo Sant'Agnese 810, Venedig, Tel. 04 15 22 59 96*

EINREISE

Der Personalausweis genügt. Dank dem Schengener Abkommen findet weder an der italienischen noch an der deutschen Grenze zu Österreich, noch an den Flughäfen eine Grenzkontrolle statt.

FOTOGRAFIEREN

Filme sollten Sie mitbringen, sie sind in Italien deutlich teurer.

GESUNDHEIT

Bei Bedarf wenden Sie sich am besten an die meist gut ausgestattete Notaufnahme des nächsten Krankenhauses *(pronto soccorso)*, legen Ihre European Health Insurance Card (EHIC, über Ihre Krankenkasse) vor und werden in der Regel kostenlos behandelt. Anderenfalls reichen Sie Ihre Auslagen für Arzt und Apotheke der heimischen Kasse zur Erstattung ein. Wegen der vielen deutschsprachigen Urlauber haben die größeren Fremdenverkehrsämter Adressen von Ärzten zur Hand, die Deutsch sprechen.

INTERNET

Viele Italieninfos finden Sie auf *www.enit.it*, der Website des Staatlichen Fremdenverkehrsamtes Italiens, auch auf Deutsch. Zahlreiche Kultur- und Tourismusinfos zum Friaul bietet *www.turismo.fvg.it*, touristische Informationen über Venetien, teilweise auch auf Deutsch und Englisch, *http://turismo.regio ne.veneto.it*. Über Neuigkeiten aller Art an der Adriaküste können Sie sich u. a. auf *www.adriacoast.com, http://meineadria.com* und *www. urlaub-rimini.de* informieren. Informative Auftritte der Region Marken sind die beiden Websites *www.tu rismo.marche.it* und *www.diemar ken.com*. *www.regione.emilia-roma gna.it/turismo* ist der offizielle Internetauftritt der Region Emilia-Romgana mit touristischen Links. Eine Fülle an Reise- und Serviceinformationen wie Wetterkarten etc. bieten *www.teletour.de/italien* und *www.itwg.com*. Unter dem Stichwort »Rimini« finden Sie auf der Website *www.2night.it* viele aktuelle Informationen – gut gemacht, jedoch nur auf Italienisch – zu Konzerten und Ausstellungen, zu Livemusik in Kneipen und Strandpartys.

INTERNETCAFÉS

Überall in den Ferienorten werden Sie auf Internetcafés stoßen. Außerdem haben viele Hotels einen Internetpoint eingerichtet, ebenso die meisten größeren Campingplätze und Feriendörfer; Zugang zum Internet bietet sogar manche Badeanstalt.

MIETWAGEN

Mietwagen sollten Sie möglichst bereits von zu Hause aus vorbestellen. An den Flughäfen und in größeren Orten sind Verleihfirmen vertreten. Ein Mittelklassewagen kostet pro Tag zwischen 80 und 100 Euro, die Wochenmiete liegt meist um die 350 Euro, teilweise mit Kilometerlimit. Angebote für Mietwagen finden Sie z. B. unter *www.marcopolo.de*.

www.marcopolo.de

Im Internet auf Reisen gehen

Mit über 10 000 Tipps zu den beliebtesten Reisezielen ist MARCO POLO auch im Internet vertreten. Sie wollen nach Paris, auf die Kanaren oder ins australische Outback? Per Mausklick erfahren Sie unter www.marcopolo.de Wissenswertes über Ihr Reiseziel. Zusätzlich zu den Informationen aus den Reiseführern bieten wir Ihnen online:

- das *Reise Journal* mit aktuellen News, Artikeln, Reportagen
- den *Reise Service* mit Routenplaner, Währungsrechner und Compact Guides
- den *Reise Markt* mit Angeboten unserer Partner rund um das Thema Urlaub

Es lohnt sich vorbeizuschauen: Wöchentlich aktualisiert, gibt es immer wieder Neues zu entdecken. Bleiben Sie auf dem Laufenden mit unserem E-Mail-Newsletter, den Sie kostenlos abonnieren können!

– *Carabinieri: 112*
– *Polizei: 113*
– *Feuerwehr (vigili del fuoco): 115*
– *Notarzt, Rettungswagen: 118*
– *Pannenhilfe: 80 31 16* (organisiert durch den italienischen ACI)

ÖFFENTLICHE VERKEHRSMITTEL

Das Busnetz an der Adria ist gut entwickelt. Meist muss man sich vorher die Fahrkarten in der nächstgelegenen Bar besorgen. Die italienische *ferrovia,* die Eisenbahn *(www.trenitalia.it)*, ist im europäischen Vergleich billig. Von Ravenna gen Süden verbindet die Eisenbahnlinie die Adriaorte miteinander, vom Bahnhof zum Strand sind es meist nur ein paar Hundert Meter. Lokalzüge sind preiswert, nicht so der reservierungspflichtige Eurostar. Vor Fahrtbeginn muss die Fahrkarte in den orangegelben Automaten in der Bahnhofshalle abgestempelt werden.

ÖFFNUNGSZEITEN

In den Ferienorten sind die Läden in der Hochsaison bis gegen Mitternacht geöffnet, auch am Sonntag. Supermärkte sind meist von 9 bis 13 und 17 bis 20 Uhr geöffnet, einige auch durchgehend. Kirchen schließen über Mittag, in der Regel von 12.30 bis 16 Uhr.

POST

Postämter sind (mit örtlichen Abweichungen) Mo–Fr von 8.15 bis 13.20, Sa bis 12.20 Uhr geöffnet. Briefmarken *(francobolli)* bekommen Sie auch in Tabak- und Souvenirläden. Das Porto für Briefe und Postkarten beträgt 62 Cent für die ins Ausland obligatorische *posta prioritaria.*

PREISE

Innerhalb Italiens gehört die Adria noch immer zu den preisgünstigen Gebieten. Der Espresso in der Bar kostet um 1 Euro, der Cappuccino 20 bis 50 Cent mehr. Wer sich am Tisch nieder- und sich bedienen lässt, zahlt deutlich mehr. Benzin ist ungefähr gleich teuer wie in Deutschland, Bus- und Eisenbahnfahren im Nahverkehr deutlich billiger. Die Eintrittspreise der Museen an der Adria liegen meist zwischen 4 und 6 Euro. Jugendliche unter 18 und Senioren über 65 haben in den staatlichen Museen freien Eintritt, junge Leute zwischen 18 und 25 Jahren zahlen die Hälfte. In die Diskotheken kommt man kaum unter 12 Euro.

TELEFON & HANDY

Die meisten Telefonzellen funktionieren nur mit Magnetkarten *(carta telefonica),* die in der Bar oder beim *tabaccaio* zu kaufen sind. Vorwahl nach Deutschland 0049, nach Österreich 0043, in die Schweiz 0041, nach Italien 0039. Innerhalb Italiens gibt es keine Vorwahlen, und die Null am Anfang der Nummer darf bei Anrufen aus dem Ausland nicht ausgelassen werden. Wenn Sie sich von Deutschland aus auf Ihrem Handy anrufen lassen, zahlen Sie mit, und zwar den italienischen Netzanteil. Innerhalb Italiens telefonieren Sie mit dem Handy ohne die italienische Landesvorwahl.

TRINKGELD

Man sollte Dienstleistungen und einfache Gefälligkeiten honorieren: das Besorgen der Koffer aufs Zimmer ab 1 oder 2 Euro, je nach Gepäckumfang; an der Bar ein paar Münzen je nach Verzehr; die Rechnung im Restaurant fünf bis zehn Prozent aufrunden.

UNTERKUNFT

Agriturismo

Eine Alternative zum Campingplatz oder zum Hotel ist die Unterbringung auf Bauernhöfen etwa im Podelta oder in den ersten Apenninhügeln. Man schläft in meist sympathisch rustikal eingerichteten Zimmern mit Bad und isst frische Produkte, die zum Teil auf dem Hof erwirtschaftet werden. Auch Ferienwohnungen und Stellplätze für Zelte und Wohnmobile werden angeboten, die Spanne reicht von preiswert bis luxuriös. Adressenlisten gibt es u. a. bei den Fremdenverkehrsämtern, auf den Webseiten von regionalen Tourismusbüros und Verbänden wie *Agriturist (www.agriturist.it)* oder *Terranostra (www.terranostra.it)*.

Bed & Breakfast

Bed & Breakfast setzt sich in Italien immer mehr durch, in den Städten, aber auch in den Ferienorten. Verzeichnisse bekommen Sie in den Fremdenverkehrsämtern, auf deren Webseiten und auf *www.bbitalia.it* sowie *www.bed-and-breakfast.it*.

Camping

Längs der Adriaküste finden sich unzählige gut ausgestattete Campingplätze. Ein aktuelles Verzeichnis bringt der Italienische Touringclub TCI heraus: »Campeggi e Villaggi Turistici in Italia«, erhältlich auch im deutschsprachigen Buchhandel oder direkt beim *Touring Club Italiano (www.touringclub.it)*. Oder schauen Sie ins Internet unter *www.camping.it*.

Ferienwohnungen

Junge Leute oder Familien mit Kindern beziehen gern eine Ferienwohnung, an der Adriaküste gibt es Abertausende davon. Adressen von Agenturen, die Wohnungen vermitteln, bekommen Sie über die Fremdenverkehrsämter bzw. deren Webseiten und übers Internet, z. B. *www.e-domizil.de*.

Hausboote

Neuerdings kann man sich an der Adria und in deren Hinterland tage- oder wochenweise Hausboote mieten (ohne Patent) und damit durch die Lagunen und Kanäle tuckern

Was kostet wie viel?

Imbiss	**um 2,50 Euro** für ein Stück *piadina*
Cappuccino	**1,20 bis 1,50 Euro** für eine Tasse am Tresen
Eis	**1,50 bis 2 Euro** für eine Kugel
Wein	**2–4 Euro** für ein Glas am Tresen
Benzin	**um 1,30 Euro** für 1 l Super Bleifrei
Strand	**ab 14 Euro pro Tag** für einen Sonnenschirm und zwei Liegestühle

Insider Tipp

oder die breiten Flussläufe von Po und Tagliamento hinauf. Zu mieten beispielsweise im Podelta in Porto Viro-Marina Nuova bei *Delta 80-Houseboat Holiday (Via Colombo 37, Tel. 04 26 66 60 25, www.houseboat.it)*.

Hotels
Von der familiären Pension bis zum Luxushotel findet man längs der Küste für jeden Geschmack und Geldbeutel etwas. Die Fremdenverkehrsämter verschicken Verzeichnisse. Auch auf deren Internetseiten findet man alle Hotels aufgelistet. Viele Ferienhotels sind nur von April oder Mai bis Oktober geöffnet, und in der Hochsaison im Juli und vor allem August müssen Sie oft Halbpension buchen. Strandleistungen wie Schirm und Liegestuhl sind meist im Preis inbegriffen.

Jugendherbergen
Es gibt nicht viele längs der Adria. Man findet sie im Internet unter *www.ostellionline.org.*

ZEITUNGEN

In den lokalen Tageszeitungen finden Sie Informationen zum Tagesprogramm. Deutschsprachige Zeitungen und Illustrierte bekommen Sie praktisch überall, oft vom selben Tag.

ZOLL

Innerhalb der EU dürfen Waren für den Eigenbedarf frei ein- und ausgeführt werden, z. B. 800 Zigaretten, 10 l Spirituosen, 90 l Wein. Für Schweizer gelten erheblich geringere Freimengen, z. B. 200 Zigaretten, 1 l Spirituosen, 2 l Wein.

Wetter in Venedig

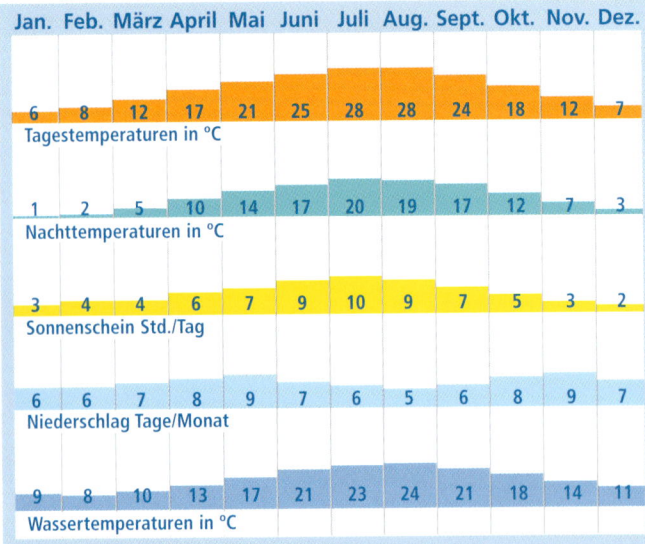

	Jan.	Feb.	März	April	Mai	Juni	Juli	Aug.	Sept.	Okt.	Nov.	Dez.
Tagestemperaturen in °C	6	8	12	17	21	25	28	28	24	18	12	7
Nachttemperaturen in °C	1	2	5	10	14	17	20	19	17	12	7	3
Sonnenschein Std./Tag	3	4	4	6	7	9	10	9	7	5	3	2
Niederschlag Tage/Monat	6	6	7	8	9	7	6	5	6	8	9	7
Wassertemperaturen in °C	9	8	10	13	17	21	23	24	21	18	14	11

Parli italiano?

»Sprichst du Italienisch?«
Dieser Sprachführer hilft Ihnen, die wichtigsten
Wörter und Sätze auf Italienisch zu sagen

Zur Erleichterung der Aussprache:

c, cc	vor »e, i« wie deutsches »tsch« in deutsch, Bsp.: die**c**i, sonst wie »k«
ch, cch	wie deutsches »k«, Bsp.: pa**cch**i, **ch**e
ci, ce	wie deutsches »tsch«, Bsp.: **ci**ao, **ci**occolata
g, gg	vor »e, i« wie deutsches »dsch« in Dschungel, Bsp.: **g**ente
gl	ungefähr wie in »Familie«, Bsp.: fi**gl**io
gn	wie in »Kognak«, Bsp.: ba**gn**o
sc	vor »e, i« wie deutsches »sch«, Bsp.: u**sc**ita
sch	wie in »Skala«, Bsp.: I**sch**ia
sci	vor »a, o, u« wie deutsches »sch«, Bsp.: la**sci**are
z	immer stimmhaft wie »ds«

Ein Akzent steht im Italienischen nur, wenn die letzte Silbe betont wird. In den übrigen Fällen haben wir die Betonung durch einen Punkt unter dem betonten Vokal angegeben.

AUF EINEN BLICK

Ja./Nein.	Sì./No.
Vielleicht.	Forse.
Bitte./Danke.	Per favore./Grazie.
Gern geschehen.	Non c'è di che!
Entschuldigen Sie!	Scusi!
Wie bitte?	Prego?/Come, scusi?/Come dice?
Ich verstehe Sie/dich nicht.	Non La/ti capisco.
Ich spreche nur wenig ...	Parlo solo un po´di ...
Können Sie mir bitte helfen?	Mi può aiutare, per favore?
Ich möchte …	Vorrei …
Haben Sie …?	Ha …?
Wie viel kostet es?	Quanto costa?
Wie viel Uhr ist es?	Che ore sono?/Che ora è?

KENNENLERNEN

Guten Morgen!/Tag!	Buon giorno!
Guten Abend!	Buona sera!

Gute Nacht!	Buọna nọtte!
Hallo!/Grüß dich!	Ciạo!
Wie geht es Ihnen/dir?	Cọme sta?/Cọme stai?
Danke. Und Ihnen/dir?	Bẹne, grạzie. E Lei/tu?
Auf Wiedersehen!	Arrivedẹrci!
Tschüss!	Ciạo!
Bis bald!	A prẹsto!
Bis morgen!	A domạni!

UNTERWEGS

Auskunft

links	a sinịstra
rechts	a dẹstra
geradeaus	dirịtto
nah	vicịno
weit	lontạno
Wie weit ist das?	Quạnti chilọmetri sọno?
Ich möchte ... mieten.	Vorrẹi noleggiạre ...
... ein Auto ...	... ụna mạcchina.
... ein Fahrrad ...	... ụna biciclẹtta.
... ein Boot ...	... ụna bạrca.
Bitte, wo ist ...	Scụsi, dov'è ...
... der Bahnhof?	... la staziọne?
... die Haltestelle?	... la fermạta?
... der Hafen?	... il pọrto?
Zum ... Hotel.	All'albẹrgo ...

Panne

Ich habe eine Panne.	Ho un guạsto.
Würden Sie mir einen Abschleppwagen schicken?	Mi potrẹbbe mandạre un cạrro-attrẹzzi?
Gibt es hier in der Nähe eine Werkstatt?	Scụsi, c'è un'officịna qui vicịno?

Tankstelle

Wo ist bitte die nächste Tankstelle?	Dov'è la prọssima staziọne di servịzio, per favọre?
Ich möchte ... Liter ...	Vorrẹi ... lịtri di ...
... Normalbenzin.	... benzịna normạle.
... Super./... Diesel.	... sụper./... gasọlio.
Voll tanken, bitte.	Il piẹno, per favọre.

Unfall

Hilfe!	Aiụto!
Achtung!/Vorsicht!	Attenziọne!
Rufen Sie bitte schnell ...	Chiạmi sụbito ...

… einen Krankenwagen.	… un'autoambulanza.
… die Polizei.	… la polizia.
Haben Sie Verbandszeug?	Ha materiale di pronto soccorso?
Es war meine Schuld.	È stata colpa mia.
Es war Ihre Schuld.	È stata colpa Sua.
Geben Sie mir bitte Ihren	Mi dia il Suo
Namen und Ihre Anschrift!	nome e indirizzo, per favore!

ESSEN/UNTERHALTUNG

Wo gibt es hier …	Scusi, mi potrebbe indicare …
… ein gutes Restaurant?	… un buon ristorante?
… ein typisches Restaurant?	… un locale tipico?
Gibt es in der Nähe	C'è una gelateria qui
eine Eisdiele?	vicino?
Reservieren Sie uns bitte	Può riservarci per stasera un
für heute Abend einen	tavolo per quattro persone?
Tisch für vier Personen.	
Auf Ihr Wohl!	(Alla Sua) salute!
Bezahlen, bitte.	Il conto, per favore.
Hat es geschmeckt?	Andava bene?
Das Essen war ausge-	(Il mangiare) era eccellente.
zeichnet.	
Haben Sie einen	Ha un programma delle
Veranstaltungskalender?	manifestazioni?

EINKAUFEN

Wo finde ich …	Dove posso trovare …
… eine Apotheke?	… una farmacia?
… eine Bäckerei?	… un panificio?
… ein Fotogeschäft?	… un negozio di articoli fotografici?
… ein Lebensmittelgeschäft?	… un negozio di generi alimentari?
… den Markt?	… il mercato?
… einen Supermarkt?	… un supermercato?
… einen Tabakladen?	… un tabaccaio?
… einen Zeitungshändler?	… un giornalaio?

ÜBERNACHTEN

Können Sie mir bitte …	Scusi, potrebbe
empfehlen?	consigliarmi …
… ein Hotel …	… un albergo?
… eine Pension …	… una pensione?
Ich habe bei Ihnen ein	Ho prenotato
Zimmer reserviert.	una camera.
Haben Sie noch …	È libera …

... ein Einzelzimmer?	... una singola?
... ein Zweibettzimmer?	... una doppia?
... mit Dusche/Bad?	... con doccia/bagno?
... für eine Nacht?	... per una notte?
... für eine Woche?	... per una settimana?
Was kostet das Zimmer ...	Quanto costa la camera ...
... mit Frühstück?	... con la prima colazione?
... mit Halbpension?	... a mezza pensione?

Arzt

Können Sie mir einen guten Arzt empfehlen?	Mi può consigliare un buon medico?
Ich habe Durchfall.	Ho la diarrea.
Ich habe ...	Ho ...
... Fieber.	... la febbre.
... Kopfschmerzen.	... mal di testa.
... Zahnschmerzen.	... mal di denti.

Post

Was kostet ...	Quanto costa ...
... ein Brief ...	... una lettera ...
... eine Postkarte ...	... una cartolina ...
... nach Deutschland?	... per la Germania?

ZAHLEN

0	zero	19	diciannove
1	uno	20	venti
2	due	21	ventuno
3	tre	30	trenta
4	quattro	40	quaranta
5	cinque	50	cinquanta
6	sei	60	sessanta
7	sette	70	settanta
8	otto	80	ottanta
9	nove	90	novanta
10	dieci	100	cento
11	undici	101	centouno
12	dodici	200	duecento
13	tredici	1000	mille
14	quattordici	2000	duemila
15	quindici	10000	diecimila
16	sedici		
17	diciassette	1/2	un mezzo
18	diciotto	1/4	un quarto

Reiseatlas
Italienische Adria

**Die Seiteneinteilung für den Reiseatlas finden Sie
auf dem hinteren Umschlag dieses Reiseführers**

Mit freundlicher Unterstützung von

kein urlaub ohne
**holiday
autos**

www.holidayautos.com

über den daten-
highway zu mehr
spaß auf allen
anderen straßen:

kein urlaub ohne

holiday autos

FREUEN SIE
SICH ÜBER
15 EURO
MIETWAGEN-
RABATT!

15 euro rabatt
sichern! sms
mit **HOLIDAY**
an **83111***
(49 cent/sms)

so einfach geht´s:
senden sie das wort **HOLIDAY** per sms an die nummer **83111*** (49 cent/sms
und wir schicken ihnen ihren rabatt-code per sms zurück. mit diesem cod
erhalten sie 15 euro preisnachlass auf ihre nächste mietwagenbuchung! einzu
lösen ganz einfach in reisebüros, unter der hotline 0180 5 17 91 91 (12 cent/min
oder unter www.holidayautos.de (mindestalter des mietwagenbuchers: in de
regel 21 jahre). der code ist gültig für buchung und mietbeginn bis 31.12.201
für eine mindestmietdauer von 5 tagen. der rabattcode kann pro mobilfunk
nummer nur einmal angefordert werden. dieses angebot ist gültig für alle zie
gebiete aus dem programm von holiday autos nach verfügbarkeit.

*vodafone-kunden: 12 cent vodafone-leistung + 37 cent zusatzentgelt des anbieters.
teilnahme nur mit deutscher sim-karte möglich.

KARTENLEGENDE REISEATLAS

Autobahn mit Anschlussstelle
Motorway with junction

Autobahn in Bau
Motorway under construction
Datum, Date

Autobahn in Planung
Motorway projected
Datum, Date

Raststätte mit Übernachtungsmöglichkeit
Roadside restaurant and hotel

Raststätte ohne Übernachtungsmöglichkeit
Roadside restaurant

Erfrischungsstelle, Kiosk
Snackbar, kiosk

Tankstelle, Autohof
Filling-station, Truckstop

Autobahnähnliche Schnellstraße mit Anschlussstelle
Dual carriage-way with motorway characteristics with junction

Straße mit zwei getrennten Fahrbahnen
Dual carriage-way

Durchgangsstraße
Thoroughfare

Wichtige Hauptstraße
Important main road

Hauptstraße
Main road

Sonstige Straße
Other road

Fernverkehrsbahn
Main line railway

Bergbahn
Mountain railway

Autotransport per Bahn
Transport of cars by railway

Autofähre
Car ferry

Schifffahrtslinie
Shipping route

Landschaftlich besonders schöne Strecke
Route with beautiful scenery

Touristenstraße
Tourist route
Routes des Crêtes

Straße gegen Gebühr befahrbar
Toll road

Straße für Kraftfahrzeuge gesperrt
Road closed to motor traffic

Zeitlich geregelter Verkehr
Temporally regulated traffic

Bedeutende Steigungen
Important gradients
15%

Kultur
Culture

★★ **PARIS**
★★ *la Alhambra*

Eine Reise wert
Worth a journey

★ **TRENTO**
★ *Comburg*

Lohnt einen Umweg
Worth a detour

Landschaft
Landscape

★★ **Rodos**
★★ *Fingal's cave*

Eine Reise wert
Worth a journey

★ **Korab**
★ *Jaskinia raj*

Lohnt einen Umweg
Worth a detour

Besonders schöner Ausblick
Important panoramic view

Ausflüge & Touren
Excursions & tours

Nationalpark, Naturpark
National park, nature park

Sperrgebiet
Prohibited area

4807
Bergspitze mit Höhenangabe in Metern
Mountain summit with height in metres

(630)
Ortshöhe
Elevation

Kirche
Church

Kirchenruine
Church ruin

Kloster
Monastery

Klosterruine
Monastery ruin

Schloss, Burg
Palace, castle

Schloss-, Burgruine
Palace ruin, castle ruin

Denkmal
Monument

Wasserfall
Waterfall

Höhle
Cave

Ruinenstätte
Ruins

Sonstiges Objekt
Other object

Jugendherberge
Youth hostel

⊕ Flugplatz
Airfield

⊕ Regionalflughafen
Regional airport

✈ Verkehrsflughafen
Airport

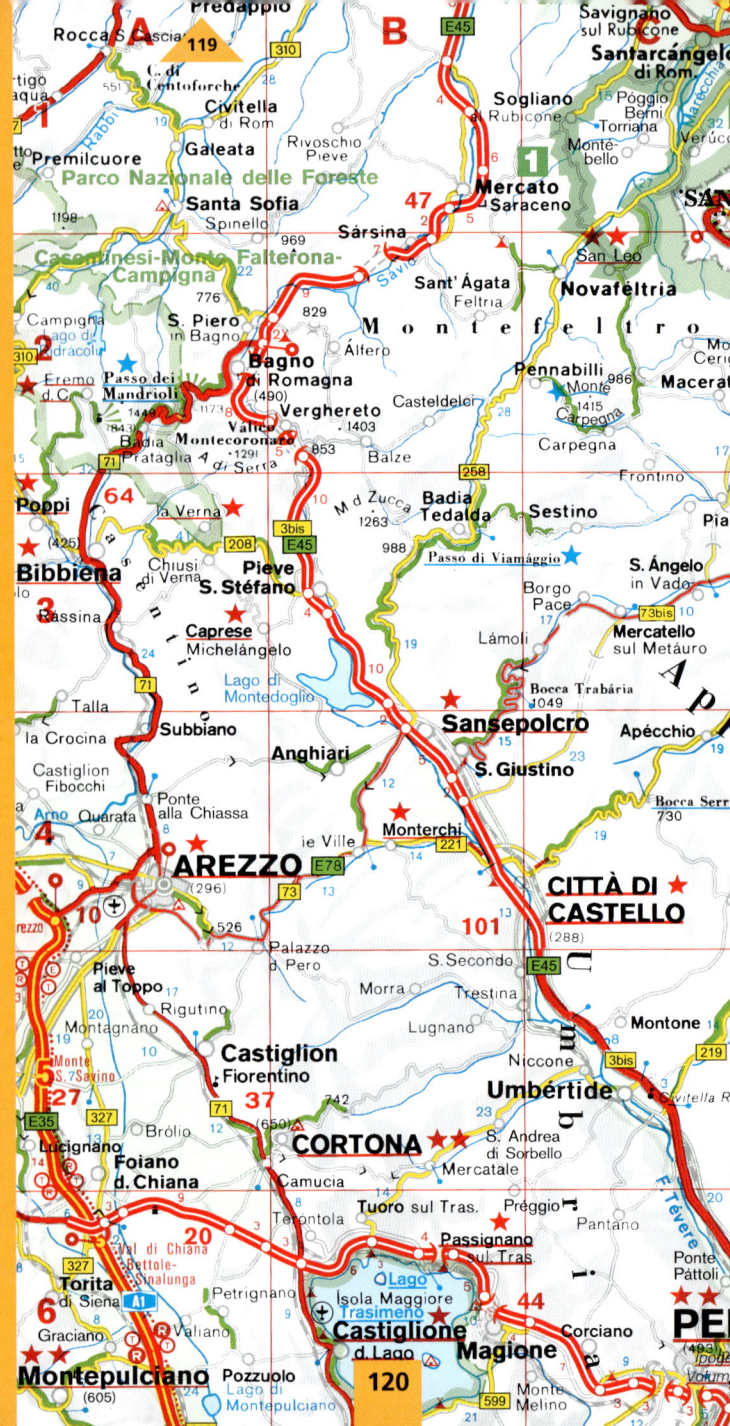

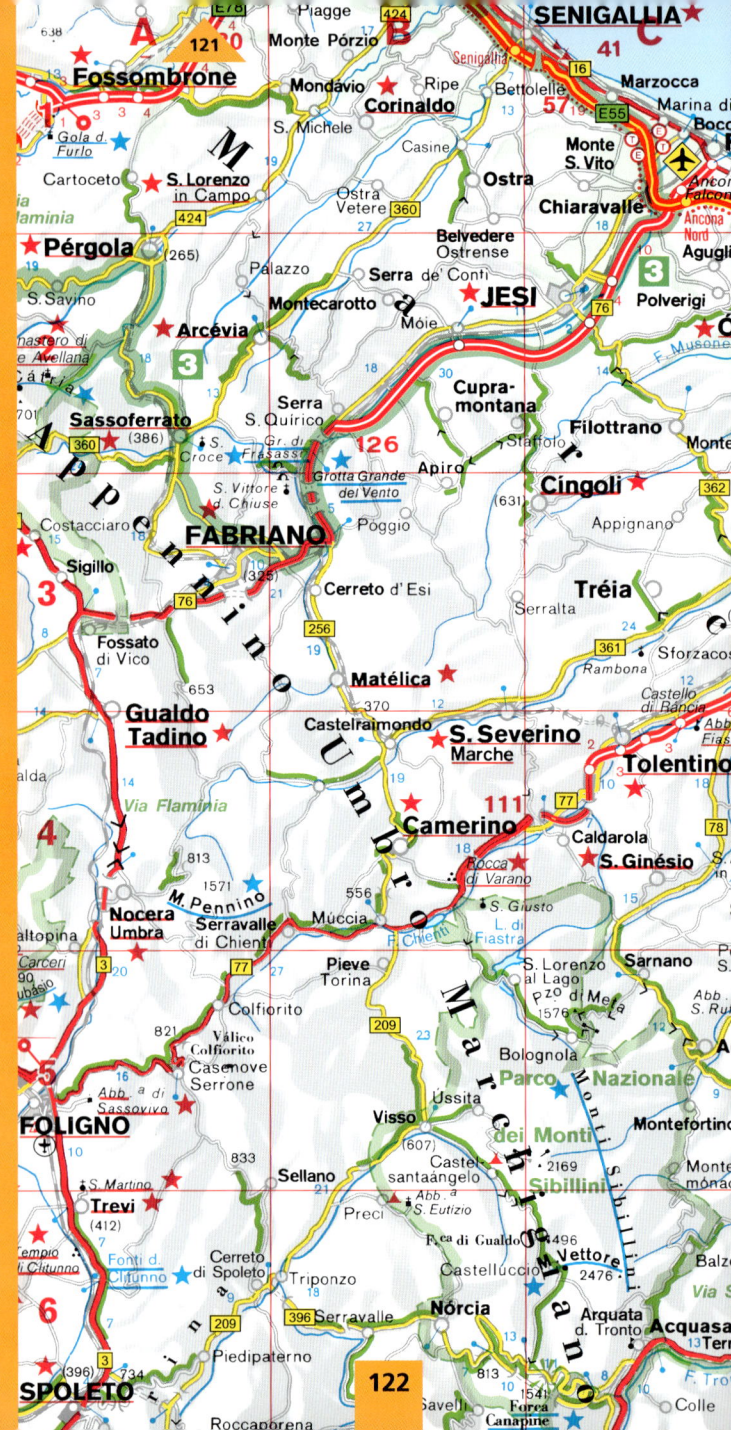

MARCO ● POLO

Für Ihre nächste Reise gibt es folgende Titel:

Deutschland Allgäu · Amrum/Föhr · Bayerischer Wald · Berlin · Bodensee · Chiemgau/Berchtesgadener Land · Dresden/Sächsische Schweiz · Düsseldorf · Eifel · Erzgebirge/Vogtland · Franken Frankfurt · Hamburg · Harz · Heidelberg · Köln · Lausitz/Spreewald/Zittauer Gebirge · Leipzig · Lüneburger Heide/Wendland · Mark Brandenburg · Mecklenburgische Seenplatte · Mosel · München · Nordseeküste Schleswig-Holstein · Oberbayern · Ostfriesische Inseln · Ostfriesland Nordseeküste Niedersachsen · Ostseeküste Mecklenburg-Vorpommern · Ostseeküste Schleswig-Holstein · Pfalz · Potsdam Rheingau/Wiesbaden · Rügen/Hiddensee/Stralsund · Ruhrgebiet · Schwäbische Alb · Schwarzwald Stuttgart · Sylt · Thüringen · Usedom · Weimar **Österreich/Schweiz** Berner Oberland/Bern Kärnten · Österreich · Salzburger Land · Schweiz · Tessin · Tirol · Wien · Zürich **Frankreich** Bretagne Burgund · Côte d'Azur · Disneyland Paris · Elsass · Frankreich · Französische Atlantikküste · Korsika Languedoc-Roussillon · Loire-Tal · Normandie · Paris · Provence **Italien/Malta** Apulien · Capri Dolomiten · Elba/Toskanischer Archipel · Emilia-Romagna · Florenz · Gardasee · Golf von Neapel · Ischia Italien · Italienische Adria · Italien Nord · Italien Süd · Kalabrien · Ligurien · Mailand/Lombardei · Malta Oberitalienische Seen · Piemont/Turin · Rom · Sardinien · Sizilien/Liparische Inseln · Südtirol · Toskana Umbrien · Venedig · Venetien/Friaul **Spanien/Portugal** Algarve · Andalusien · Barcelona Costa Blanca · Costa Brava · Costa del Sol/Granada · Fuerteventura · Gran Canaria · Ibiza/Formentera Jakobsweg/Spanien · La Gomera/El Hierro · Lanzarote · La Palma · Lissabon · Madeira · Madrid · Mallorca Menorca · Portugal · Spanien · Teneriffa **Nordeuropa** Bornholm · Dänemark · Finnland · Island Kopenhagen · Norwegen · Schweden · Südschweden/Stockholm **Westeuropa/Benelux** Amsterdam · Brüssel · England · Flandern · Irland · Kanalinseln · London · Luxemburg · Niederlande Niederländische Küste · Schottland · Südengland **Osteuropa** Baltikum · Budapest · Estland Kaliningrader Gebiet · Lettland · Litauen/Kurische Nehrung · Masurische Seen · Moskau · Plattensee Polen · Polnische Ostseeküste/Danzig · Prag · Riesengebirge · Rumänien · Russland · Slowakei St. Petersburg · Tschechien · Ungarn **Südosteuropa** Bulgarien · Bulgarische Schwarzmeerküste · Kroatische Küste/Dalmatien · Kroatische Küste/Istrien/Kvarner · Montenegro · Slowenien **Griechenland/Türkei** Athen · Chalkidiki · Griechenland Festland · Griechische Inseln/Ägäis Istanbul · Korfu · Kos · Kreta · Peloponnes · Rhodos · Samos · Santorin · Türkei · Türkische Südküste Türkische Westküste · Zakinthos · Zypern **Nordamerika** Alaska · Chicago und die Großen Seen Florida · Hawaii · Kalifornien · Kanada · Kanada Ost · Kanada West · Las Vegas · Los Angeles · New York San Francisco · USA · USA Neuengland/Long Island · USA Ost · USA Südstaaten · USA Südwest · USA West · Washington D.C. **Mittel- und Südamerika** Argentinien · Brasilien · Chile · Costa Rica · Dominikanische Republik · Jamaika · Karibik/Große Antillen · Karibik/Kleine Antillen · Kuba Mexiko · Peru/Bolivien · Venezuela · Yucatán **Afrika/Vorderer Orient** Ägypten · Djerba/Südtunesien · Dubai/Vereinigte Arabische Emirate · Israel · Jemen · Jerusalem · Jordanien · Kapstadt/Wine Lands/Garden-Route · Kenia · Marokko · Namibia · Qatar/Bahrain/Kuwait · Rotes Meer/Sinai Südafrika · Syrien · Tunesien **Asien** Bali/Lombok · Bangkok · China · Hongkong/Macau · Indien Japan · Ko Samui/Ko Phangan · Malaysia · Nepal · Peking · Philippinen · Phuket · Rajasthan · Shanghai · Singapur · Sri Lanka · Thailand · Tokio · Vietnam **Indischer Ozean/Pazifik** Australien · Malediven · Mauritius · Neuseeland · Seychellen · Südsee

Cityguides Berlin für Berliner · Frankfurt für Frankfurter · Hamburg für Hamburger · München für Münchner · Stuttgart für Stuttgarter **Sprachführer** Arabisch · Englisch · Französisch · Griechisch · Italienisch · Kroatisch · Niederländisch · Norwegisch · Polnisch · Portugiesisch · Russisch Schwedisch · Spanisch · Tschechisch · Türkisch · Ungarisch

Im Register sind alle in diesem Reiseführer erwähnten Orte und Ausflugsziele verzeichnet. Halbfette Seitenzahlen verweisen auf den Haupteintrag, kursive auf ein Foto.

Schreiben Sie uns!

Liebe Leserin, lieber Leser,

wir setzen alles daran, Ihnen möglichst aktuelle Informationen mit auf die Reise zu geben. Dennoch schleichen sich manchmal Fehler ein – trotz gründlicher Recherche unserer Autoren/innen. Sie haben sicherlich Verständnis, dass der Verlag dafür keine Haftung übernehmen kann. Wir freuen uns aber, wenn Sie uns schreiben.

Senden Sie Ihre Post an die MARCO POLO Redaktion, MAIRDUMONT, Postfach 31 51, 73751 Ostfildern, info@marcopolo.de

Impressum

Titelbild: Mauritius: Jiri
Fotos: Assessorato Turismo, Cervia (64); Feldhoff & Martin (4, 5 l., 11, 26, 28, 30, 35, 36); R. Freyer (53); R. M. Gill (U. M., 5 r., 7, 9, 12, 18, 20, 54, 55, 62, 66, 94, 99); R. Hackenberg (1, 17, 22, 39, 44, 82, 85, 88, 91, 92, 100); HB Verlag: Spitta (U. r., 2 o., 2 u., 14, 24, 56, 58, 61, 65, 70, 73, 76, 78, 86); IFA Bilderteam: Amadeus (42); laif: Eid (96); U. Lieb-Schäfer (25); Mauritius: Jiri (111); A. M. Mosler (40); D. Renckhoff (46, 48); W. Rußwurm (U. l., 27, 33); H. Wagner (6, 72, 81)

2. (10.), aktualisierte Auflage 2007 © MAIRDUMONT, Ostfildern
Herausgeber: Ferdinand Ranft, Chefredakteurin: Marion Zorn
Redaktion: Nikolai Michaelis, Bildredakteurin: Gabriele Forst
Kartografie Reiseatlas: © MAIRDUMONT/Falk Verlag, Ostfildern
Vermarktung: MAIRDUMONT MEDIA, media@mairdumont.com
Gestaltung: red.sign, Stuttgart
Sprachführer: in Zusammenarbeit mit Ernst Klett Sprachen GmbH, Stuttgart, Redaktion PONS Wörterbücher

Bloß nicht!

Auch an der Adria gibt es Dinge, über die Sie Bescheid wissen oder die Sie vermeiden sollten

Ohne Platzanweisung

Wenn Sie ein Restaurant oder eine Pizzeria betreten, sollten Sie nicht einfach auf einen Tisch zusteuern. In der Regel weist Ihnen der Kellner oder der Wirt einen Tisch an, wobei Sie selbstverständlich auch Wünsche anmelden können, wo Sie am liebsten sitzen möchten.

Unangemessen bekleidet

Bitte achten Sie beim Kirchenbesuch auf Ihre Kleidung: bedeckte Schultern und nicht zu kurze Shorts.

Pfennigfuchserei

Sollte sich eine Essensverabredung mit Italienerinnen und Italienern ergeben, zahlt einer die Rechnung, anschließend wird durch die Zahl der Anwesenden geteilt, egal wie viel oder wie wenig der Einzelne gegessen und getrunken hat. Kein Kellner käme auf die Idee, bei jedem Gast einzeln abzukassieren.

Markenfälschungen kaufen

Eine Prada- oder Louis-Vuitton-Tasche für 10 Euro? Sie kann nur gefälscht sein. Wenn Sie bei einem Straßenhändler beim Kauf erwischt werden, kann Sie das sehr teuer kommen: Die Bußgelder können bis zu 10 000 Euro erreichen.

Am Wochenende auf die Autobahn

Am Freitagnachmittag und am Samstagvormittag sind die Autobahnen zu den Badeorten an der Küste voll gestopft mit Anreiseverkehr und am Sonntagmorgen mit Tagesausflüglern zu den Stränden. Am Sonntagabend gilt dann das Gleiche für die Rückfahrt in die Städte.

Mückenschutz vergessen

Tagsüber nerven einen die Stechmücken nicht, erst gegen 18 Uhr tauchen sie auf: aus den Wassern der Lagunen, der Brackwasserteiche, der Flussufer. Wer empfindlich ist, sollte sich fürs Campen sogar mit einem Moskitonetz ausrüsten.

Bestellen, ohne die Preise zu erfragen

Das gilt vor allem für Fisch, denn in vielen Restaurants wird der Preis nicht fürs Gericht, sondern nach Gewicht angegeben, das heißt pro 100 Gramm *(etto)*. Das führt leicht zu Missverständnissen.

Liegestühle am Pool blockieren

Stundenlang einen Liegestuhl am Hotelpool mit einem Handtuch zu belegen ist einfach unsozial. Die Liegestühle sind für alle da.

Rauchen

Seit 2005 ist in Italien das Rauchen an öffentlichen Orten wie Bars, Restaurants, Flughäfen, Bahnhöfen verboten. Und die Italiener halten sich dran!